KB001361

EDITOR

좋아하는 것으로부터 좋은 것을 골라내는 사람

JOBS
EDITOR

에디터: 좋아하는 것으로부터
좋은 것을 골라내는 사람

REFERENCE by B

매거진 《B》의 첫 단행본 시리즈 '잡스',
직업에 대한 이야기를 펴내며

Ⅰ 매거진 «B»를 만들면서 가장 많이 들었던 수식이 있다면
바로 "단행본에 가까운" 잡지, "단행본처럼 소비되는"
잡지라는 말일 것입니다. 매거진 «B»는 늘 'B'라는
제호 아래 출간되지만 매달 다루는 브랜드에 따라 이슈
개개가 독립적인 성격을 갖습니다. 샤넬과 포르쉐,
블루보틀커피와 스타워즈, 방콕 등의 도시와 인스타그램
같은 IT 서비스를 다룰 때 각 주제에 이끌리는 독자층이
꽤나 다릅니다. 이런 면 때문에 매거진 «B»는 잡지의
꼴을 취하면서도 기존 잡지와는 확연히 다른 지점에 설 수
있었습니다.

'잡스(JOBS)', 직업 시리즈를 통해서는 비슷하면서도
다른 시도를 선보입니다. '잡지와 한 몸을 이룬
단행본'이라고 하면 적합한 설명일까요. 하나의 브랜드를
선정해 한 권의 잡지로 펴내면서 뿌듯함을 느끼는 순간도
있지만 아쉬움을 느낄 때도 많습니다. 브랜드라는 하나의
우산 아래 여러 맥락의 내용을 정리하다 보니 매력적인
취재 대상을 만나 다양한 이야기를 나눔에도 지면에
모두 싣지 못하는 경우가 생기고는 하죠. 한편 많은
에디터들이 '저 사람과 브랜드 이상의 이야기를 나눠보면
어떨까?'라는 생각을 하기도 합니다.

어떤 사람을 아는 데 가장 중요한 단서가 되는 것은
아마도 어떤 일을 하느냐일 것입니다. 그래서 '잡스'
시리즈는 사람이 중심에 놓인 이야기를 담고자하며,
그 사람과 나눈 대화를 가장 생생하게 전달하기 위해
인터뷰 형식을 택했습니다. 에디터들의 작은 궁금증에서
시작해 기획된 '잡스 시리즈'의 첫 발을 떼며 지난 5월
매거진 «B»의 조수용 발행인과 나눈 인터뷰를 독자
여러분께 전하려 합니다.

매거진 «B»가 처음으로 선보인 단행본이자, 직업 이야기인
'잡스'는 어떤 의미를 지닐까요?

> 지금껏 수십 개의 브랜드를 다뤄온 매거진
> «B»에서 발견한 의미 있는 이야기는 대부분 인터뷰에서
> 나왔습니다. 브랜드를 만들고 브랜드와 함께 일한
> 사람들이 어떤 일을 하면서 어떻게 살아왔는지에 대한
> 이야기의 누적이라고도 할 수 있죠. 브랜드가 어떤 사람이
> 만들어낸 상징적 결과물이라고 한다면 그 브랜드를
> 만드는 사람은 실체에 가깝고, 우리가 그 사람을 조명하는
> 것은 본질로 한번 더 들어가는 일이라는 생각을 하게
> 됩니다. 브랜드의 이면에 있는 것처럼 보이는 어떤
> 사람의 일, 직업에 대한 이야기는 또 다른 차원의 브랜드
> 이야기일 겁니다.

단행본 시장은 잡지만큼이나 기존의 관성이 존재합니다. 그와
동시에 '쓰기' 플랫폼의 확장으로 다양한 필자층이 수면 위로
올라오며 새로운 시도들도 계속되고 있는데요. 잡지 발행인의
시각으로 바라본 단행본 시장이 궁금합니다.

> '책의 내용이 알차고 좋아서 그 책을 산다'라는 개념도
> 물론 중요하지만 책 자체가 갖는 존재감이 물리적으로
> 내 시야에 있다는 것이 주는 의미가 저는 작지 않다고

생각합니다. 무슨 이야기이냐 하면, 매거진 «B»도 그랬고, 직업 시리즈도 마찬가지인데, 특정 주제에 대한 이야기가 담긴 책을 사서 내 책상 위에 올려놓는 건, 그 주제에 관심을 두겠다는 의지의 직접적 표현인 셈입니다. 이 말은 곧 단행본 시장은 사람들이 어떤 대상에 관심과 애정을 드러내는지를 읽어내야 승리하는 시장이며, 책은 세상 사람들의 관심사가 어느 쪽으로 갈지에 대한 지표인 셈이죠. 글을 모아 지면에 담는 원론적 의미의 책을 넘어서 사람들이 어느 쪽을 보고 싶어 하는지를 반영하는 지표로서의 의미가 점점 중요해지고 있습니다. 설사 책 한 권을 완독하지 못했더라도, '나는 이 문제에 관심을 가지기로 했다'라고 선언하는 것만으로도 의미가 있죠.

매거진 «B»와 같은 잡지도 단행본도 모두 물리적 속성으로 보면 종이책입니다. 종이책의 미래에 대해 다시금 질문을 드리게 되는데요.

종이 미디어는 바닥을 칠 만큼 쳤고, 더 내려가지는 않을 거라는 게 제 생각이에요. 대안으로 등장했던 전자책도 종이책을 대체하거나 종이책에서 전자책으로 넘어간다는 느낌보다는 두 시장 모두 의미 있는 성과를 보여주지 못하고 있는 것 같습니다. 다만 가치 있는 것을 전수한다는 측면에서 여전히 종이책은 그 위상을 가질 거예요. 저는 이 점이 흥미롭습니다. 기성세대인 부모가 다음 세대를 이어갈 자식에게 어떤 매체를 통해 좋은 사고와 상상력 등을 일깨울 것이냐라고 하면 아마 전 세계 모든 부모가 종이책을 가장 먼저 떠올릴 겁니다. 그 이유는 설명할 필요가 없어요. 인간이 가진 본능이나 마찬가지이기 때문입니다. 지금, 그렇게 다시 종이책을 권하는 마지노선에 서 있는 것 같아요.

매거진 «B»를 발행하고 9년차에 접어들어 첫 단행본을 선보이게 된 것에 대해 왜 지금인지를 묻는 사람도 있을 것 같습니다.

브랜드를 사람으로 쪼개서 보는 것, 다시 말하면 우리가 세운 세계를 다른 각도로 재분류하는 일을 해야할 때가 된 것이죠. (웃음)

Ⅱ   매거진 «B»가 직업에 대한 이야기를 꺼내든 한 가지
이유가 더 있습니다. 이 시대의 직업은 '전문가'나 '타고난
재능', '돈벌이'로 설명하기에 부족합니다. 직업과 일의
재정의가 활발하게 이루어지고 있고, 일의 형태나 범위,
고용의 양상 등도 시시각각으로 변화합니다. 이처럼
불안정성과 유동성이 시대를 지배할 때야말로 일에
대한 주체적 해석이 필요할 것입니다. 매거진 «B»의
조수용 발행인은, 그동안 좋은 브랜드를 만들어서 세상에
내놓은 사람을 보면 무엇보다 삶과 일이 일치한 이들이
많았다고 말합니다. 처음부터 삶과 일이 일치하는 직업을
택한 '운 좋은 사람'도 분명 존재하지만 많은 경우는 몇
차례 시행착오를 겪고 나서야 자신의 길을 알아봅니다.
음악가로 활동하다 커피하우스를 연 블루보틀커피의
창립자가 그랬듯 삶의 플랜B, 플랜C는 플랜A보다 더
중요한 모멘텀을 가져다주기도 합니다. 잡스 시리즈는
그런 모멘텀에 선 사람들, 그리고 앞으로 그런 모멘텀을
맞이할 사람들을 위한 책으로 기능할 것입니다. 그리고
세상의 많은 창의적인 일들이 직업적 사고를 제대로
이해하는 것에서 시작한다는 것을 전하고자 합니다. '어떤
직업을 가져야할까?'에 대한 답이라기보다는 '내 삶에서
어떤 직업적 사고를 취할 수 있을까?'에 대한 가이드가 될
수 있도록요.

오늘날에 직업의 정의는 어떻게 내릴 수 있을까요?

굉장히 중요한 이야기인데요. 대부분 사람의 마음속에 들어 있는 직업은 돈을 버는 일과 연결되어 있잖아요? 물론 돈도 벌어야 하지만 제 생각에 직업이란 내가 세상에 태어난 이유, 즉 말 그대로 무엇을 위해 하루하루를 사는지 하는 정체성에 가깝다고 봅니다. 물론 다른 사람의 인정이라는 사회적 효용의 관점에서 직업을 볼 수도 있고, 누군가가 세운 룰에 따라 직업이 규정되기도 하지만 근본적으로는 나 자신의 존재 의미에 가깝다고 저는 생각해요. 존재의 의미가 뚜렷해질수록 돈도 잘 벌게 되는 거죠. 그래서 '워라밸', 일과 삶의 밸런스라는 말을 저는 좀 이상하게 보는데요. 일과 삶이 일치한다면 밸런스라는 말이 필요 없어지는 거니까요. 자신의 정체성이 일을 통해 뚜렷해진다면 의외로 돈을 버는 일은 자연스럽게 따라옵니다.

잡스 시리즈가 앞으로 다룰 직업은, 고전적인 직업의 영역에 있으면서 앞으로도 유망한 직업이어야 할 텐데요. 매거진 《B》가 그랬던 것처럼 직업을 선정하는 기준도 중요할 것 같습니다.

'잡스'에서는 지구가 멸망할 때까지도 존재하리라고 보는 직업을 선정할 것 같은데요. 예를 들어 첫 번째로 다룰 에디터의 경우 에디팅의 대상이 변한다 하더라도 에디팅이라는 행위의 전문성은 계속 남게 되겠죠. 한 가지 바라는 것은 특정 직업을 특정 전공과 결부 짓지 않았으면 좋겠어요. 공학을 전공하고도 에디터가 될 수 있고, 철학을 전공하고도 디자이너가 될 수 있죠. 대학에서 무엇을 공부하고 전공했다는 것과 어떤 일을 사랑한다는 것은 다르니까요. 제가 이제까지 본 멋진 사람들은 이 둘의 접점이 없었던 적이 많은 것 같습니다.

사람들에게 어떻게 내게 잘 맞는 직업을 찾느냐라는 질문을 많이 받을 것 같은데, 주로 어떻게 대답하나요?

막 사회생활을 시작한 때와 중반, 후반부가 각기 다를 텐데, 크게는 두 가지 방법이 있어요. 좋아하기 때문에 잘한다는 말도 일견 맞지만 그 이상으로, 좋아하려고 애를 쓰는 것도 저는 굉장히 중요하다고 봅니다. 꽤 많은 사람들이 자신이 뭘 좋아하는지 모르겠다고 하거나 '왜 나는 딱히 좋아하는 것도 없지?'라고 하며 자책하기도 합니다. 그때 저는 이렇게 물어봐요. "무엇을 좋아하려고 얼마나 노력해봤느냐고"요. 무언가를 좋아하는 건 제 발로 걸어오는 게 아니고 그만큼 애정을 가지고 더 많이 더 세심하게 보려고 애써야 생기는 겁니다. 좋아하려고 노력하는 행위를 반복하다 보면 나도 모르게 더 많이 보이게 되는 게 있어요. 남들과 똑같은 걸 봤는데 다른 게 보이는 거죠. 돌이켜 보면 제가 만났던 사람들 중 좋아하는 일을 하고 그 일을 잘하는 사람들은 생각보다 노력을 굉장히 많이 했던 것 같아요. 자기 일을 더 좋아하기 위해서.

어떤 일을 좋아하려고 애쓰는 일의 시작은 흉내 내는 것이라고도 말하잖아요.

맞아요. 저도 후배들에게 그런 이야기를 많이 하거든요. 좋아하는 걸 똑같이 해보는 것. 왜 미술 입시 공부하는 학생들이 석고를 앞에 두고 연필로 따라 그리잖아요? 왜 지루하게 그걸 보고 똑같이 그리는 일을 할까? 그 의미가 곧 지금 하고자 하는 이야기의 전부일 수 있는데, 대상을 정확하게 보고 그걸 똑같이 복제하는 작업이 실제로 여러 가지 생각을 하게 만들어요. 복제한다는 것은 보는 능력에 대한 끝이기도 하거든요. 복제하는 과정에서 눈이 약간 크다, 귀가 약간 작다를 보는 사람이 있는가 하면 어떤 사람에게는 안 보여요. 맛을 구분하는 능력이든 소리를 구분하는 능력이든 복제를 하는 과정에서 알아챌 수 있죠.

이 시대 직업인들에게 가장 필요한 덕목은 뭘까요?

글쎄요. 소명의식 아닐까요. 무엇 때문에 내가 이것을 하는지 스스로 질문을 던져보라고 하면, 보통은 돈을 벌어서 먹고살아야 하니까라고 대답할 것 같은데요. 세상 속에서 내 역할은 이거다라고 존재의 의미를 말할 수 있어야 한다고 생각합니다. 그래야만 건강한 삶이 가능하고 회사 안에서든 밖에서든 그렇게 소명의식을 가지고 일하는 사람들이 잘돼요.

참 웃긴 건 일하고 있는 사람이라면 누구나 놀고 싶어 하잖아요. 어느 정도까지 돈을 벌면 이제는 놀아야지 하고 결심하는데, 그렇게 정말 아무 일도 하지 않고 노는 사람치고 행복해 보이는 사람이 별로 없어요. 그리고 의외로 몇달 이상 잘 못 놀아요. 되게 힘들어해요. 그게 무슨 말이냐 하면 결국 사람은 무언가를 해야만 존재할 수 있다는 말이에요. 경제적 여유가 있고 누군가가 아무것도 내게 뭘 요구하거나 바라지 않는다고 하더라도 결국 사람은 어떻게든 무언가가 되어 있어요. 산악인이 되어 있든 정리의 달인이 되어 있든, 뭐든 되어 있죠. 왜냐하면 그건 살아 있느냐, 죽어 있느냐에 관한 이야기이기 때문입니다.

Ⅲ　　　매거진 «B»의 조직은 업무 역할을 기준으로 에디터, 디자이너, 포토그래퍼, 그리고 마케팅과 유통 담당자 등으로 구성됩니다. 그중 에디터가 가장 많은 비중을 차지하다 보니 자연스레 에디터 중심의 조직 문화가 형성될 수 밖에 없었죠. 에디터는 일반적으로 다양한 정보와 데이터를 수집해, 그중에서 전달할 가치가 있는 주제를 선별하고 그 주제를 효과적으로 보여줄 소재와 도구를 조합해서 결과물을 만들어내는 일을 합니다. 글과 이미지, 글과 소리를 결합하기도 하고 취재원의 음성과 객관적 사실, 에디터의 해석을 엮어서 매체의 목소리를 만들거나 사진가의 시선을 매체의 시선으로 바꾸기도 하죠. 때로는 무에서 유를 창조하는 일에 뛰어들기도 하지만 대개는 이미 존재하는 것을 선별하고 조합하는 일의 연속입니다. 매거진 «B» 같은 종이잡지와 온라인 미디어를 포함, 여러 콘텐츠 제작에 처음부터 끝까지 관여하는 에디터를 잡스 시리즈의 첫 직업으로 다루는 일은 스스로를 되돌아보고 앞으로를 살피는 일이기도 할 것입니다.

잡스 에디터 편에서 다섯 명의 에디터를 인터뷰했는데, 각자가
정의하는 에디터라는 직업이 같으면서도 조금씩 다르다는
점이 흥미로웠습니다. 에디터는 어떤 일을 하는 사람이라고
생각하시나요?

전 에디팅이 곧 크리에이티브와 같은 레벨이라고
생각하는 사람이에요. 보통 창조한다, create라는 것을
무에서 유를 창조하는 걸로 많이 생각을 하는데 진짜
크리에이티브는 에디팅이라는 행위를 통해 나오거든요.
그렇기 때문에 제 관점에서는 에디터=크리에이터라고
볼 수도 있어요. 최종적으로 구현할 상을 두고 에디팅을
통해 그 상을 구현해내는 사람? 크리에이터라고 부르기는
모호하니 에디터라고 부르는 것일 뿐이죠.

바꿔 말하면 모든 크리에이터들이 에디터적 능력을 가지고 있다,
혹은 가져야만 한다는 말이 되겠네요.

그렇죠. 크리에이터는 에디터인거죠. 저는 동의어라고
생각해요.

이 책은 에디터가 되고자 하는 사람보다 에디터적 사고, 혹은
에디터 마인드를 갖고자 하는 사람에게 유용한 책이 될 거라
보는데요. 그렇다면 에디터십, 에디터의 일에서 가장 중요한

덕목은 무엇일까요?

에디팅을 크리에이팅과 같은 개념이라고 보면, 일단 무언가를 알아야 거기서 끌어올 수가 있는 거잖아요. 무언가를 알려고 노력하는 것에 대한 본능적 즐거움이 가장 기본이라고 할 수 있는데, 그걸 호기심이라고 표현할 수도 있겠죠. 가령 내가 세 가지 정보를 들고 에디팅을 하는 것과 300가지 정보를 들고 에디팅을 하는 것은 다를 텐데요. 그 300가지 정보에 겨우겨우 끌려간다면 너무나 힘든 일이 될 거고, 내버려둬도 호기심 있게 알아가는 사람에게는 굉장히 쉬운 일이 될 겁니다. 저는 여기서 에디터십의 유무가 갈린다고 생각해요.

요즘은 누구나 에디터가 될 수 있는 시대이기도 합니다. 누구든지 인스타그램이나 페이스북 같은 플랫폼으로 글과 이미지를 편집해서 많은 사람에게 전파할 수 있죠.

그렇기 때문에 사실은 더 실력이 드러나는 거죠. 이전에는 편집 대상에 먼저 접근할 수 있는 것 자체가 권위였고, 그 권위를 아무나 갖지 못했지만 지금은 세상의 모든 정보를 거의 동등한 기회로 취득할 수 있어요. 사진도 마찬가지예요. 아이폰 하나만 가지고도 상당한 퀄리티의 사진을 찍을 수 있죠. 그건 마치 특허와 같은 권리가 풀렸다는 이야기고 곧 실력으로만 증명된다는 말입니다. 진입 장벽이 없어지다시피 했기 때문에 기성 미디어를 무장해제시켰다고 볼 수도 있어요. 진짜 게임이 시작된 거죠. 하지만 진입은 쉬워보여도 진짜 잘하지 않으면 금방 탄로 나기 때문에 양면성이 존재한다고도 볼 수 있어요.

결국 많은 기회가 생겨나면서 직업에 접근하는 방식까지 바꿔놓은 것 같습니다. 일을 찾아다니는 게 아니라 스스로 일을 벌릴 무대를 만들 수도 있으니까요.

그렇죠. 매스 미디어 시절에는 그곳에 모든 '어텐션'이 몰려 있었기 때문에 기성 미디어만이 힘을 가지고 있었죠. 에디터도 기성 미디어가 고용하는 사람들이었고요. 지금은 몇개의 큰 점처럼 보이던 미디어가 분열, 파편화하면서 개인이 에디터이자 발행인이자 미디어이자 광고의 매출원이 되고 있어요. 인플루언서나 유튜버도 마찬가지로 본인이 작가이면서 연예인입니다. 누군가에게 종속되지 않는다는 점에서는 꽤 바람직해진 거죠. 반면 그렇기 때문에 정말로 콘텐츠가 괜찮아야 해요. 예전에는 매스 미디어의 공신력이 괜찮지 않은 것도 괜찮은 걸로 만들어줬지만 지금은 그렇지 않습니다. 그런데 조금 더 생각해보면, 오늘날에는 콘텐츠를 생산하는 '나'를 괜찮게 보는 이들을 확보하기만 하면 되는 거니까, 어쩌면 안 괜찮아도 되는 거에요. 결국 개개인의 정체성에 대한 이슈로 귀결되는 거고, 내가 누구이고 어떤 생각을 하는 사람인지만 명확하게 전달하면 모든 것이 풀리는 거죠. 모든 일의 원점인 '나는 어떤 사람이냐'라는 것. 그것이 성패를 가르는 것 같아요. 어떤 의미에서는 미디어의 본질에 더 가까워진 셈입니다.

Jeremy
Langmead

제러미 랭미드

London

01

제러미 랭미드는 신문과 잡지 등 전통 미디어에서 일한 경험을 b

다. 그는 자신이 경력을 쌓는 동안 전반적으로 운이 좋았다고 회상

전문 이커머스 미스터포터의 브랜딩과 콘텐츠 디렉팅을 총괄하

로 이커머스와 테크 영역으로 진출한 영국의 스타 저널리스트이
늘 새로운 시도에 긍정적인 태도로 임했다고 말한다. 현재 남성
다.

거의 모든 것에 '노'라고 하지 않아야 합니다

웨스트필드 런던 미스터포터 사무실
2019년 4월 4일 목요일 오후 2시

우연히 미디어 업계에 발을 들이다

패션을 전공했지만 신문사에서 처음 커리어를 시작했습니다.
왜 패션이 아니라 미디어 쪽에 취직했나요?

패션 디자인을 전공했는데 바느질에 관심이 없다는
것을 알아채는 데 오랜 시간이 걸리지 않았어요. (웃음)
패션 저널리즘과 커뮤니케이션을 접하고 눈이 번쩍
뜨여 전공을 바꿨습니다. 당시 수업 커리큘럼에는
1년간 현장 경험을 쌓는 것이 포함돼 있었어요.
《브리티시 보그(British Vogue)》의 남성 부문에서
일했는데, 스타일리스트가 되고 싶지 않다고 깨달은
것도 그때였습니다. 학교 마지막 날, 아무도 없는
사무실을 지나치다가 전화벨이 울려서 제가 직접

받았는데, 《선데이타임스(The Sunday Times)》의
관계자가 새로운 잡지를 창간하는 데 도움이 될 사람을
추천해달라고 하더군요. 저는 아는 사람인 척하며
저 스스로를 추천했고요. (웃음) 결국 인터뷰를 거쳐
취직했습니다. 미디어 업계에 발을 들인 계기는 순전히
우연이었어요.

신문사에서 조판까지 경험한 걸로 알고 있는데요. 이때 익힌 것이
지금 이커머스 플랫폼에서 일하는 데도 도움이 되나요?

어떤 측면에서는 도움이 됩니다. 신문사와 잡지사에서
일할 때 조판 및 편집 작업을 도왔는데, 원고를
출력해서 자르고 연필로 줄을 맞춰가며 조판 면에
글자들이 다 들어갈 수 있는지 확인했어요. 그 작업물을
토대로 디자인이 완성되었고요. 돌이켜보면 무척
낡은 방식이었죠. 《선데이타임스》에서도 그랬고요.
헤드라인과 카피 등을 쓰고 원고에 오탈자가 없나
확인한 다음, 수많은 계단을 오르내리고 여러 방을 거쳐
교정·교열 담당 직원을 찾아가서는 오자를 손으로 직접
긁어 수정하고 돌아오곤 했어요. 현재의 편집 방식과
비교하면 놀라울 만큼 구식이죠. 한편 그 시간 동안 얻은
것도 분명 있어요. 문장의 뜻뿐만 아니라 기사의 전체
구성을 보고 적절한 단어를 사용해서 말을 간결하게

만드는 법을 익혔습니다. 인스타그램이나 트위터,
페이스북 등 한정된 글자 수 안에서 표현해야 하는
오늘날의 콘텐츠 플랫폼을 운용할 때 상당히 도움이 되는
능력입니다.

도중에 미술품 경매 회사 크리스티(Christie's)로 이직한 이유는
무엇인지 궁금합니다. 미술품 시장만의 다른 점이 있었나요?

예술 세계에서 경험을 쌓고 싶었던 이유가 가장 큽니다.
보수를 받으며 새로운 걸 배우는 일은 늘 기분이 좋죠.
(웃음) 미스터포터(Mr Porter)[1]의 창립 멤버로서
2010년부터 3년 반이 지난 때였어요. 크리스티에서
디지털 콘텐츠 사업과 매거진 창간을 도와달라는
요청이 왔습니다. 미스터포터에서의 일은 무척
즐거웠지만 '아트'라는 새 영역에 호기심을 느껴 1년을
크리스티에 몸담았어요. 예술품 경매라는 무척이나
전통적인 영역에서
정신없이 한 해를
보냈습니다. 경매에
나온 작품과 관련된
디지털 콘텐츠를
매일 업로드했고
잡지도 매달 발행했죠.

1   남성 전문 이커머스
미스터포터는 '럭셔리 쇼핑의 경험을
온라인으로 옮겨오자'는 아이디어에서
시작한 여성 이커머스 네타포르테(Net-
a-Porter)의 자매 사이트로, 2011년 2월
영국 런던에서 시작했다. 쇼핑과 콘텐츠를
통합한 형식의 비즈니스 모델로 이제는
단순 쇼핑몰을 넘어 라이프스타일을
제안하는 브랜드로 자리매김하고 있다.

거의 모든 것에 '노'라고 하지 않아야 합니다

크리스티는 오랫동안 축적한 노하우를 기반으로 멋진 카탈로그를 만들고 있었지만 디지털 세계의 고객에게 말을 건네는 일은 그들에게 미지의 영역이었습니다. 고객과 새로운 방식으로 대화를 시작할 수 있도록 돕는 일은 제게도 흥미로운 도전이었고요. 경매에 나온 작품 대부분이 수십 년에서 백 년 이상 세간의 눈에 띄지 않고 컬렉터의 손에서 잠들어 있다가, 갑자기 세상에 나와서 4주 정도의 시간을 거쳐 팔리고 다시 심연으로 사라지죠. 그 이야기를 조명하고 공유하는 일은 매력적이었어요.

오랜 시간 사람들의 기억에서 잊힌 예술 작품의 이야기를 재발견해서 수면 위로 끌어올리는 작업이 흥미롭네요. 작품이나 유물에 얽힌 이야기를 알게 되면 더욱 높은 금액을 지불할 용의도 생길 테니까요.

그렇습니다. 예술 작품이 왜 그만한 값어치를 하는지, 소장할 만한 가치가 있는지를 전달하는 건 꼭 필요한 일이에요. 소비자들도 항상 그 이유를 궁금해하고요. 좋은 이야기를 발굴해 판매하는 일은 예술품 경매뿐 아니라 세상 모든 비즈니스와 연결되어 있어요. 단순히 이야기를 만드는 것만이 능사는 아니고, 세밀한 기획이 뒷받침되어야 합니다. 우선 사람들이 읽거나 접할 마음이 들게 해야 하고, 이야기를 생동감 있게 풀어나가야 하며, 여정의 끝에선 뭔가를 배웠거나 즐겼다는 여운이 남도록 해야 합니다.

에디터의 큐레이션이 필요한 시대

2016년 11월, 매거진 «B»의 '미스터포터' 이슈 관련 인터뷰 후 두 번째 만남인데요. 그 사이 업무에 큰 변화가 있었나요?

많은 것들이 바뀌었어요. 업계의 판도도 빠르게 변했고요. 사람들과 접촉하고 스토리를 전달하는 방식이 완전히 달라졌달까요. 고작 3년이지만 소셜 미디어는 급격히 진화했고, 디지털 세계로 넘어온 오프라인 콘텐츠들은 괄목할 만한 변화를 만들었습니다. 과거에 어떤 이야기를 전하기 위해 3분 30초 분량의 영상을 만들었다면, 지금은 그걸 15초 안에 담아야 합니다. 또한 전 세계에서 통할 법한 일반 콘텐츠가 아닌, 각기 다른 미디어 플랫폼에 어울리는 맞춤형 콘텐츠가 필요합니다.

인스타그램 스토리에 올릴 콘텐츠를 가정해봅시다. 플랫폼이 설정한 한계에 맞춰 단순히 이야기를 짧게 압축하는 것뿐만 아니라 메시지의 톤도 고려해야 합니다. 유튜브와 인스타그램을 사용하는 사람들의 집단 특성이 같지 않고, 설령 동일한 사람이라도 각각의 플랫폼에서 콘텐츠를 소비하는 방법이 다르기 때문입니다. 물론 수요도 다르고요. 같은 이야기라도 조금씩 다른 언어와 비주얼을 통해 여러 방식으로 풀어나갈 수 있는 능력이 요구되고 있습니다. 기존의 '에디터' 개념이 오늘날에는 '큐레이터'에 가까워지고 있어요.

무척 흥미로운데요. 에디터의 역할을 새롭게 정의할 수 있을 것 같습니다.

오늘날 웹과 소셜 미디어를 통해 발산되는, 소위 '콘텐츠의 소음(content noise)'은 상상을 초월합니다. 따라서 콘텐츠를 만들고 편집하는 일뿐 아니라 다른 출처에서 만들어지는 콘텐츠를 큐레이팅 하는 것까지도 에디터의 역할에 포함되는 중이죠. 에디터는 이야기를 발굴하고 공유하며, 그것이 사실에 근거한 정보인지 확인하고, 독자와 팔로워에게 해당 정보가 의제 (agenda)를 가지는지 여부를 알려야 합니다. 에디터는 콘텐츠의 '가이드'나 '양치기'라고 표현할 수 있어요.

오늘날 그들은 사무실 책상에 앉아 각종 출력물이나 디지털 플랫폼을 통해 발간될 콘텐츠를 만드는 사람일 수도, 침대에 누워 페이스북, 트위터, 인스타그램에서 발견한 콘텐츠에 '좋아요'를 누르거나 공유하는 사람일 수도 있습니다.

발굴한 콘텐츠를 단순히 모으고 선별한다고 모두 에디터가 되는 건 아닐 텐데요.

기본적으로 이야기꾼으로서의 역할이 무척 중요하다고 생각합니다. 여러 가지 이야기를 모아 큐레이팅 하는 능력이 필요한 시대이고요. 미스터포터에서는 콘텐츠를 제작할 때 세 단어를 늘 염두에 둡니다. (이전 인터뷰 때도 언급했지만) 정보를 알리고(inform), 마음을 움직이고(inspire), 보는 사람을 즐겁게(entertain) 해야 합니다. 대부분의 에디터가 이루고자 하는 바와 같을 겁니다. 그들이 매체에 몸담고 있든, 이커머스 플랫폼에 적을 두고 있든 말이죠. 물론 어떤 분야의 에디터냐에 따라 정의는 조금씩 다를 겁니다. 2018년에 한 인물에 관한 글을 읽은 적이 있어요. 돌아가신 부모님에게 어마어마한 재산을 물려받았는데, 단순히 남은 인생의 시간을 좋게 보내는 데 그 돈을 다 썼다고 해요. 일할 필요도 없었고요. 하지만 그 인물이 이기적으로 살지는 않았어요. 친구들을 휴가지에 함께 데려가고, 단지 인생을 즐겼을 뿐이죠. 저도 이처럼 사람들이 좋은 시간을 보내는 데 기여하고 싶어요. 제가 몸담고 있는 라이프스타일 저널리즘을 소비하는 사람들이 즐거운 시간을 보냈다면 그것만으로도 행복합니다. 정치나 신문의 1면 기사를 쓰는 저널리스트라면 정보 전달이 가장 중요하겠죠. 하지만 제 현장에서는 이야기를 만드는 것뿐 아니라 독자에게 좋은 시간을 제공하는 일 역시 동등하게 중요합니다. 특히 요즘처럼 세상이 흉흉할 때는요. 제 비석에도 이런 글귀가 새겨졌으면 좋겠어요. '나 역시 멋진 시간을 보냈다.'

미스터포터는 팀으로 일한다

당신의 직함은 여전히 브랜드&콘텐츠 디렉터인데요. 평소
일정은 어떻게 되나요?

당신이 상상하는 것 이상으로 미팅의 연속이에요. (웃음)
데일리, 위클리 콘텐츠를 담당하는 에디터와 함께 일하며
기사가 일정 수준을 만족하는지를 비롯해 상업적 목표
수치에 근접한지, 그것이 독자에게 즐거움을 주는지,
흥미로운지, 기발한지 등을 확인합니다. 이야기가
완벽하다면 플랫폼과 포맷의 적합 여부를 확인하고요.
여러 디자이너 레이블과 파트너십으로 진행하는 브랜드
캠페인이나 이벤트, 커뮤니케이션에도 관여합니다.
이처럼 많은 프로젝트를 감독하기 때문에 하루 일과

중 대부분은 미팅입니다. 저녁에는 수많은 이메일을
체크하고 답장을 보내고요. 매주 반나절, 집에서 일하는
시간이 되어야 비로소 차분히 앉아 무언가를 쓸 수
있어요. 그 시간을 활용해 전략을 짜고 중요한 이메일에
답장을 보내고 미스터포터를 위한 글 등을 씁니다.
개방된 구조의 사무실이기 때문에 커뮤니케이션이
잘되는 건 장점이지만, 역으로 누구든지 아무 때나 와서
말을 걸 수 있거든요.

요즘은 어떤 프로젝트를 진행 중인지 간단히 소개해주세요.

자세히 밝히긴 어렵지만 많은 수의 전략적 프로젝트를
진행하고 있습니다. 일부 소셜 미디어 플랫폼과
파트너십을 맺기도 하지만 거의 모든 프로젝트는
인하우스로 진행됩니다. 한두 가지, 디지털이 아닌
프로젝트(non-digital projects)도 진행 중이고요.
팟캐스트에도 집중하고 있습니다. 2018년 애플
아이튠즈에서 미스터포터 팟캐스트의 다운로드 건수가
500억 건을 기록했어요. 팟캐스트 청취자들이 바로
스마트폰을 꺼내 제품을 구입하지는 않지만, 청취자의
취향과 라이프스타일을 고려해 그에 적합한 스토리텔링
방식의 프로그램을 만듭니다. 단지 옷에 관련된 내용이
아니라 일과 삶의 균형을 맞추는 법, 연인과 관계를

유지하는 법 등 행복한 삶을 영위하는 데 중요한 걸 이야기하는 식이죠. 소비자들이 필요로 하는 정보와 맞닿는 지점이기 때문입니다. 콘텐츠 세계의 지형이 계속 바뀌고 있으므로 소비자에게 도달하는 우리의 여정에도 끊임없는 변화와 진화가 필요한 시대입니다. 사람들을 끌어들일 효과적이고 새로운 방법을 항상 모색해야 하죠.

점점 짧아지는 대중의 집중력도 지금 시대의 모습이 아닐까 합니다. 인스타그램 스토리는 길어야 1분이지만, 그것도 참지 못해 다음 스토리로 바로 넘기는 경우가 많으니까요.

콘텐츠 소비 측면에서도 인스타그램 피드에 올라오는 콘텐츠보다 인스타그램 스토리 메뉴가 훨씬 강력하고 이를 접하는 사용자의 수도 많습니다. 소비자의 행동 변화는 점점 빨라지고 있어요. 2년 전만 해도 핀터레스트 (Pinterest)[2]를 언급하면 여성복이나 인테리어, 라이프스타일 등을 떠올렸습니다. 지금은 남성복뿐 아니라 패션 전반에 걸쳐 다양한 영감을 받을 수 있는 아카이브로 성장했어요. 소셜 미디어 플랫폼이 난무하는 요즘, 우리의 고민은 '어떤 플랫폼에 집중해야 할까'입니다. 모든 곳에 노력을 기울일 수는 없으니까요.

2 　　　핀터레스트는 관심사를 기반으로 하는 온라인 스크랩북 서비스로 지난 2019년 4월 17일 뉴욕 증권거래소에 상장했다.

팀 차원에서 많은 인원이 바뀐 걸로 알고 있습니다. 어떤 방향으로 팀을 이끌고 있나요?

팀원이 많이 바뀌긴 했습니다만, 여전히 모두 열심히 일하고 있어요. 팀 내부에도 복잡한 층위가 존재하고요. 미스터포터를 시작할 때 우리 팀은 단 세 명이었습니다. 점점 인원이 늘어나 지금은 콘텐츠와 크리에이티브, 패션팀을 합하면 60명가량 됩니다. 진부하게 들릴 수 있겠지만 개인이 아니라 팀으로 일하며 가족적인 분위기를 유지하려 노력합니다. 모두 유기적으로 일에 참여하고, 직원이 출근길을 즐겁게 여길 수 있도록 최대한 노력하고요. 가끔은 팀원을 잃기도 합니다. 성공에 따르는 희생이랄까요. 사업이 번창할수록 다른 기업에서 인력을 빼가는 일도 생깁니다.

새로운 팀원을 채용할 때 어떤 것을 보는지 궁금합니다.

당연하겠지만 그가 일을 잘할지가 우선이고요. 다른 동료들과 함께 일할 수 있을지, 우리가 그 사람을 좋아할지 등을 고려합니다. 일을 환상적으로 잘한다고 해도 다른 팀원과 함께 일하지 못하면 우리에게 적합한 인물은 아닙니다. 일주일 중 다섯 번, 하루 종일 사람들과 함께 지내야 합니다. 일의 특성상 스트레스를 많이 받기 오늘날에는 고객과 판매자를 포함, 모든 이가 아주 영리해서 가짜 콘텐츠는 금방 들통이 납니다. 그렇기에 자신이 하는 말에 진심과 신념을 담아야 하죠. 이런 부분에서 볼 때, 우리는 콘텐츠팀과 마케팅팀, 구매팀이 늘 연결되어 있고, 패션쇼와 쇼룸에서 열리는 프레젠테이션에 함께 다닌다는 점에서 유리합니다.

예를 들어 가슴에 휘장 배지가 있는 생로랑 스웨터를 보고 모두 입을 모아 구매하기로 결정했다면, 콘텐츠팀은 즉시 가슴에 휘장 배지가 있는 스웨터에 관한 기사를 쓰기 시작하죠. 모든 이가 처음부터 끝까지 관여하기 때문에 그 기사에는 진심이 담길 수 있어요. 누구 한 명이 어딘가에서 찾아온 걸 툭 던져놓고 "자, 잘 포장해서 기사 써봐"라고 하는 게 아니니까요.

때문에 가족적인 분위기에 잘 융화될 사람을 선호합니다.

다양한 직군 사이의 협업은 어떤 식으로 진행되나요?

미스터포터의 커머셜팀과 콘텐츠팀은 유기적 관계를
긴밀히 유지합니다. 지난 인터뷰에서 마케팅팀, 구매팀이
어떤 식으로 콘텐츠팀과 협업하는지 언급했었어요.
브랜드 전반에 그런 관계가 흐르고 있습니다. 티셔츠는
미스터포터에서 인기 있는 카테고리 중 하나인데,
구매팀이 티셔츠 캠페인을 제안하면 비디오, 광고
스폿, 저널 스토리, 소셜 미디어 스토리 등 많은 지원이
필요해집니다. 그저 흔한 티셔츠일지라도 그 안에서
수많은 이야기를 끌어내 각각의 플랫폼에서 원하는
결과를 얻기 위해 콘텐츠를 디자인해야 합니다.
주로 트래픽, 세일즈, PR, 시각적 노출 증가 등에
관련된 목표 수치가 있거든요. 이런 모든 과정에
고객의 데이터를 사용하고 여러 팀이 함께 능동적으로
프로젝트를 이끌어나갑니다. 많은 브랜드가 콘텐츠를
만들어 자사의 홈페이지에 게시합니다. 그리고 고객이
알아서 찾아와 그걸 소비하길 바라죠. 하지만 우리는
콘텐츠를 고객의 눈에 띄는 곳에 배치하길 원합니다.
마케팅팀, 미디어팀과의 긴밀한 협업을 통해서요.

협업 과정에서 주요 의사 결정을 내릴 때는 무엇을 기준으로
삼나요?

'미스터포터'라는 브랜드가 가진 공신력, 즉 에토스
(ethos)가 기준이 됩니다. 고객의 삶을 더 낫게
개선하는지, 보다 스마트하게 만드는지, 그들을
패셔너블하게 혹은 행복하게 만드는지, 가장 효과적인
방법으로 이야기를 전달하는지, 핵심 성과 지표(key
performance indicator, KPI), 트래픽 증가, 독자에서
소비자로의 구매전환율(conversion ratet) 등을
고려해야 하는데요. 그저 이야기를 만들어 내보내는 걸로
끝이 아니라 그것이 어떤 결과를 낳는지에 대한 사후
점검이 필요합니다. 예를 하나 들어볼게요. 지난 2018년
5월, 라이언 레이놀즈(Ryan Reynolds)와의 훌륭한
인터뷰를 미스터포터 저널에 올렸습니다. 우리는 얼마나
많은 사람들이 그 기사를 읽었는지 분석하는 데 그치지
않았어요. 그가 입고 있던 톰포드의 울 가디건이 얼마나
팔렸는지도 알아봐야 합니다. 물론 트래픽이 높지만
구매로 전환되는 비율이 낮은 경우도 여럿 존재해요.
그 역시 나름대로 의미를 가지지만요.

호기심은 에디터의 필수 자질

리테일이 계속 변화하면서 미디어의 역할도 그 흐름에 발맞춰 가야 할 것 같습니다. 에디터로 일하는 사람들이 그 변화에 적응하려면 무엇이 점점 중요해질까요?

해당 콘텐츠를 왜 만드는지에 대한 확고한 고찰과 방향이 필요합니다. 우리에게 조언을 요청하는 다른 브랜드에게도 강조하는 부분이죠. 콘텐츠를 만드는 일도 중요하지만 그것이 '왜' 만들어져야 하는지 모두가 수긍하고 동의해야 합니다. 브랜딩, 세일즈, 트래픽 증가, 혹은 이 모든 것이 목적인지 등을 생각하고, 이에 따라 콘텐츠의 종류와 분량을 계획해요. 제작하는 데는 많은 돈이 들어가고 예산은 한정되어 있으니까요.

모든 곳에 많은 걸 뿌리기보다 몇 가지를 잘 만드는 게 더 효과적이에요. 그렇기 때문에 과거와 다른 마음가짐을 갖는 것도 중요하고요. 과거, 에디터란 콘텐츠를 만드는 직업이었고 만든 이가 명석해 보이는 콘텐츠를 만들려는 경향이 있었습니다. 그게 나쁜 것은 아니지만요. (웃음) 지금은 자기가 만든 콘텐츠가 상업적으로도 성공할지 분명히 고려해야 합니다. 신흥 플랫폼을 이해하고, 이를 빨리 받아들이는 흡수력도 중요하고요. 에디터보다 소비자의 자아 (ego)가 더 중요한 시대가 되었습니다. '나 자신'이 아닌 '사람들'에게 관심을 돌리면 그들이 원하는 콘텐츠를 만들기 쉬워지죠.

에디터로서 콘텐츠를 만드는 데 몰두하다보면 정작 그것이 소비할 만한 가치가 있는지 종종 잊을 때가 있습니다. 특정 주제에 접근하고 관찰하면서 얻은 수많은 지식을 모두 전달하고 공유하고 싶은 마음이 앞서기도 하고요.

그런 마음을 에디터가 잊어서는 안 되겠죠. 이야기와 지식을 공유하려는 열정은 중요한 마음가짐이라고 봅니다. 넷플릭스나 애플 뉴스앱 등 알고리듬 베이스의 콘텐츠를 떠올려봅시다. 가령 누군가 모터바이크 영상을 보면 옆에 즉시 모터바이크에 대한 아홉 가지 다른 영상들이 소개되죠. 소비자의 행동 분석을 통한 제안은 물론 훌륭한 방법입니다만, 그들이 좋아하는 세계에만 매몰되어선 안됩니다. 흥미롭고 새로운 이야기, 독자가 미처 몰랐던 세계를 발견해서 소개하는 일 역시 에디터의 역할이자 이 직업의 고유한 매력 중 하나입니다. 누구나 자신이 원하는 걸 늘 정확히 알지는 못하니까요. 콘텐츠 제작을 전적으로 마케팅팀이 담당하지 않아야 하는 이유이기도 하고요. 에디터와 마케팅 전문가가 함께 작업해야 효과적입니다.

실제로 고객의 데이터를 콘텐츠 기획 및 제작에 어떻게 활용하는지도 궁금합니다.

광대한 부분에 걸쳐 사용합니다. 콘텐츠를 업로드할 때마다 즉각적으로 피드백을 받기 때문입니다. 이제는 과거에 비해 고객도 자기 생각을 훨씬 많이 공유하고 있어요. 인스타그램 스토리를 올리면 어떤 검색 문구가 효과적이었는지 분석이 따라옵니다. 이를 통해 고객이 원하거나, 아직은 모르지만 좋아할 만한 이야기를 기획할 수 있습니다. 그 뒤 콘텐츠 포맷을 정하고 올바른 곳에 퍼질 수 있도록 검색 문구를 고려합니다. 미스터포터 저널에 '지금, 최고의 여름 슈트'에 관한 콘텐츠를 올린다고 예를 들어볼게요. 한 팀이 독자적으로 결정을 내릴 수는 없고, SEO[3]팀과 함께 관련 태그에 대해 토론합니다. 그들은 'must have'와 '2019'를 넣으면 검색엔진에 금세 뜰 것이라고 제안합니다. 하지만 '2019'라는 단어를 헤드라인에 반복하고 싶은 생각은 없습니다. 기발하지 않으니까요. 'must have'는 개인적으로 그다지 선호하지 않는 단어고요. (웃음) 물론 그런 단어들의 힘을 데이터가 증명하고 있기 때문에 적당히 쓸 필요도 있습니다. 동시에 이런 단어들이 브랜드 이미지에 가져오는 영향도 고려해야 하고요. 고객의 데이터와 직관을 현명하게 융합해서 콘텐츠를 만드는 것이 중요한 거죠.

3   검색엔진 최적화(search engine optimization). 검색엔진이 자료를 수집하고 순위를 매기는 방식에 맞게 웹 페이지를 구성해서 검색 결과의 상위에 나올 수 있도록 하는 작업.

매거진 «B» Issue No.51, '미스터포터'
제러미 랭미드 인터뷰 중, p.115

상황마다 다르긴 하지만 (절대 쓰지 않는 단어가) 세 개 정도가 있어요. 그중 하나는 'must have(필수품)'입니다. 이 세상에 꼭 없으면 안 될 필수품이라는 건 없어요. 없으면 안 되는 스웨터 같은 건 존재하지 않죠. (…) 또 하나는 'layering(레이어링)'이란 단어입니다. 패션계에서는 흔히 쓰는 용어지만 실제로 사람들이 "오늘 그냥 레이어링 좀 해보려고"라고 표현하는 경우는 거의 없거든요.

또 하나, 가끔 사용하긴 하지만 되도록 피하려는 단어가 'texture(텍스처)'입니다. 텍스처라는 단어를 단독으로 쓰는 것은 좋지만 "텍스처를 더해준다" 같은 표현은 지양하려 해요. 패션이란 광대한 영역에서 적확한 용어를 쓰는 것은 중요하지만, 내 주변 사람들이 일상적으로 쓰는 표현이 아니라면 고객에게 사용해서는 안 된다고 생각합니다.

거의 모든 것에 '노'라고 하지 않아야 합니다

한편 발굴하고 모은 정보 일체를 콘텐츠에 포함할 수는 없습니다. 핵심을 남기고 곁가지를 쳐내 이야기를 간략하게 만드는 것도 에디터의 능력일 텐데요. 경험이 많지 않은 에디터는 원고 잘라내는 걸 어려워합니다.

> 소셜 미디어의 발달로 모두가 콘텐츠를 올리는 시대가 되었지만, 기존 매체는 '편집'이라는 강점이 있습니다. 디렉터를 포함한 타인이 에디터의 콘텐츠를 다시 한번 다듬어 과잉 정보를 없애고 정확성을 높이는 거죠. 에디터 입장에서는 실망스러울 때도 있지만, 그럼에도 훨씬 나아지는 경우가 많아요. 그런데 요즘은 그런 강점이 사라지는 추세입니다. 상당수의 콘텐츠가 편집을 거치지 않고 바로 송출되거든요. 실수가 발생하기 쉬운 구조라고 생각합니다. 사실 관계 등을 제대로 확인하지 않은 불분명한 정보가 마치 사실인 것처럼 퍼지는 문제도 여기에서 일부 기인합니다. 많은 학생이 위키피디아에 수록된 정보를 액면 그대로 받아들이고 있죠. 단계를 거치는 편집은 정보의 정제뿐 아니라 사실의 이중 확인 측면에서도 중요합니다.

그럼 에디터로서 어떻게 신뢰를 쌓을 수 있을까요?

매체마다 조금씩 방법이 다를 겁니다. 《뉴요커
(The New Yorker)》의 에디터와 리테일 브랜드의
에디터는 다른 방식으로 평판을 쌓아갑니다. 하지만
모든 카테고리를 통틀어 가장 중요한 방법은 융통성을
가지는 것이죠. 새로운 시스템과 프로세스를 받아들이고
(adoptable), 고객이 무엇을 원하는지 존중하는 것이
여기에 포함됩니다. 흥미로워야 하는 것 역시 중요한
덕목입니다. 많은 에디터들이 '스스로 흥미로운가'라는
질문을 던지지 않고 있어요. 본인이 이야기에 흥미를
느끼고 적극적으로 관여해야 합니다. 자신이 만드는
콘텐츠에 믿음이 있어야 하고요. 그것이 한 벌의 바지에
관한 이야기라도 말이죠.

새로움을 받아들이는 것. 오늘날을 살아가는 에디터에게 특히
중요한 특질 같군요.

사람들이 제게 묻습니다. 전통 미디어에서 일한 경험을
바탕으로 어떻게 이커머스와 테크 영역에 진출할 수
있었냐고요. 저는 테크에 그리 밝은 편이 아닙니다.
게다가 이야기를 전달하는 방식은 제가 경력을 쌓아가는
동안 많이 바뀌었습니다. 하지만 '좋은 이야기를 만드는
것이 무엇인지'는 바뀌지 않았어요. 새로운 방식과
흐름에 항상 열려 있어야 하지만 여기에만 몰입하지 않고

진정으로 좋은 이야기와 콘텐츠를 만드는 일에 충실해야 합니다.

에디터에게 앞으로 어떤 기회가 있을까요.

유럽을 비롯한 많은 곳에서 잡지의 미래를 걱정하고 있어요. 수익을 내지 못하고 있으니까요. 신문도 마찬가지고요. 하지만 리테일이나 브랜드 등 많은 영역에서 콘텐츠의 수요는 꾸준히 늘고 있습니다. 이런 흐름은 에디터와 글을 쓰는 사람에게 기회로 작용할 수 있죠. 기존과는 방식이 다르지만요. '에디터'의 역할이 미래에 어떻게 될지 짐작하긴 어렵습니다. 반년마다 새로운 것이 쏟아져 나오니 아무도 예측할 수 없어요. 그러므로 모든 일에 열린 마음을 갖는 것이 중요합니다. 호기심은 에디터의 필수 자질이에요. 호기심이 없으면 새로운 걸 발견할 수 없으니까요.

부디 모든 것을 보세요

지금의 자신을 만든 어린 시절의 에피소드가 있나요?

조금은 독특한 유년시절을 보냈습니다. 모든 게 완벽한
세계를 창조하기를 바랐죠. 제가 살아가는 세상은 그렇지
못했거든요. 문제 있는 교육에서 기인한 유별난 어린
시절을 겪었으니 이후의 세상을 완벽하게 만들자고
생각한 겁니다. 그런 점이 «월페이퍼(Wallpaper)»,
미스터포터 등 제 커리어를 통틀어 멋진 세계를
만들어가는 일의 동력이 된 것 같습니다. 통제할 수 있고
완벽하며 매력적인 세상 말이죠. (웃음) 꽤 어렸을 때
«선데이타임스»에서 스타일 에디터 구인광고를 보고
꿈의 직장이라고 생각했던 기억이 납니다. 언젠가 그

직업을 가지게 되면 바랄 게 없겠다고 생각했거든요. 그러고는 결국 그 직업에 종사하게 되었습니다.

콘텐츠를 통해 완벽한 세상을 구현한다고 했지만, 모든 콘텐츠가 아름다울 수는 없지 않을까요? 때로는 불쾌할 때도 있고 현실 세계가 안고 있는 문제도 많으니까요. 개인적으로 그런 점에는 관심이 없다는 의미인가요?

그렇진 않아요. 《런던 이브닝 스탠더드(London Evening Standard)》에서 일할 땐 대형 기차 사고와 폭탄 테러 등에 관한 기사도 다뤄야 했어요. 그런 이야기를 전달하고 힘없는 사람의 목소리를 대변하는 건 의미 있는 경험이었습니다. 사건 이면에 진정으로 무슨 일이 일어났는지 파헤치는 저널리즘을 한 적도 있어요. 정치, 경제, 사회에 관한 정보를 생산하고 전파하는 일은 중요합니다. 하지만 그런 이슈에서 벗어나는 것도 필요하다고 생각해요. 무슨 일이 벌어지고 있는지 깨닫고 현실적인 생각을 갖는 것도 중요하지만 동시에 세상엔 좋은 일이 늘 있다는 점도 알아야 합니다. 균형 감각을 가져야 해요. 제가 현재 몸담고 있는 미스터포터는 뉴스를 전달하는 곳이 아닙니다. 사람들이 뉴스를 보러 우리를 찾아오지도 않고요. (웃음) 물론 정치나 비즈니스, 사회 전반을 포괄적으로 다루는 남성 잡지도 있지만 정확한 정보를 위해서라면 전문 매체를 찾을 거예요. 브렉시트(Brexit)를 알기 위해 《GQ》나 미스터포터를 읽진 않겠죠. 전 개인적으로 신문 중독자이고 불편한 진실에 관해 듣는 것을 좋아합니다.

당신에게도 힘든 시절이 있었나요?

《선데이타임스》를 떠나 《노바(Nova)》라는 새 잡지에서 일한 적이 있는데 영국에 경기침체가 찾아와 광고시장이 가라앉았어요. 이내 잡지를 폐간하게 되었는데 전 팀원들을 모아놓고 그 사실을 전하는 건 무척 힘든 경험이었습니다. 또한 좌절의 순간은 아니었지만, 신문사에서 일할 때, 기차 사고를 당한 피해자를 병상에서 인터뷰하고 다음 날 아침 기사로 내보내는 일은 감정적으로 힘들었고요. 커리어를 돌아보면 전반적으로 운이 좋은 편이었습니다. 좌절할 정도의 사건은 많지 않았어요. 인생은 시도의 연속이라고 생각합니다. 잘 풀릴 때도, 그렇지 않을 때도 있어요. 다양한 도전을 하고 여러 직업을 겪으면서 그 과정을 즐겨왔어요. 잡지가 폐간되거나 제가 만드는 콘텐츠, 브랜드가 예전만큼 반향을 부르지 못하면 슬프지만 다른 곳에서 다시 흥미로운 일이 벌어지지 않을까요? 그러니 두려울 것은 없다고 믿어요.

당신의 인생에서 중요한 가치가 무엇인지 묻지 않을 수 없네요.

거의 모든 것에 '노'라고 대답하지 않는 것. 두려워하지 않는 것. '어떻게든 되겠지'라는 일종의 긍정적인 태도를 가지는 것. 미스터포터에 합류할 때만 해도 '새로운 비즈니스가 과연 성공할 수 있을까'라는 의문이 있었죠. 주변 사람들은 일부 부정적인 견해를 비치기도 했어요. 남성 전문 온라인 숍이 잘 풀릴지 여부는 안갯속에 있었고요. '잘 안되면 다른 곳으로 옮기지'라고 생각하고 도전했어요. 스스로 운을 만드는 것도 중요하다고 생각합니다.

인생의 구루가 있나요?

저를 이곳에 고용한 나탈리 매스넷(Natalie Massenet)[4]이 그중 한 사람입니다. 이커머스와 테크 비즈니스 경험이 없던 제게 기회를 주었으니까요. 덕분에 많은 걸 배웠습니다. 또 《태틀러(Tatler)》

4   럭셔리 이커머스 분야의 선구자로 꼽히는 네타포르테(2000년 6월 론칭)와 미스터포터(2011년 2월 론칭)의 창립자. 나탈리 매스넷은 《태틀러》와 《W》 등에서 패션 에디터 경력을 쌓았고, 미디어적 사고로 이커머스에 접근해 패션 잡지의 방식대로 가치 있는 브랜드를 모아, 그것이 고객의 구매로 이어질 수 있도록 콘텐츠로 재가공했다. 2015년 네타포르테를 떠나 현재는 경쟁 이커머스 플랫폼 파페치(Farfetch)의 비상임 공동의장 (non-executive co-chairman)으로 일하고 있다. 2018년에는 닉 브라운 (Nick Brown)과 함께 유럽, 미국에 있는 초기 단계의 기술 기반 리테일 기업에 투자하는 벤처 캐피털 이매지너리 (Imaginary)를 공동 창업했다.

매거진의 에디터이자 풍자만화가였던 마크 복서(Mark Boxer)[5]가 있겠네요. 무척 위트 있고 짓궂고 영리하며 샤프한 사람이었어요. 개인적으로 그를 알지는 못하지만 그의 커리어에서 많은 영향을 받았습니다.

그는 관찰자였어요. 사람 내면에 숨어 있는 것을 알아채는 데 능했고요. 인생의 다양한 재미를 풍자만화나 피처 등을 통해 흥미롭게 풀어내는 그를 통해 모든 걸 유심히 관찰하는 법을 배웠습니다. 사람들은 세상을 유심히 관찰하지 않아요. 눈을 뜨고 있지만 보고 있지는 않습니다.

에디터나 크리에이터에게 일상의 평범하고 작은 것에서 중요한 요소를 발견하고 끄집어내는 안목이 필요하겠네요.

그렇습니다. '당신 팔의 타투에는 어떤 의미가 있을까', '저 사람은 어떤 잡지를 읽을까' 디테일을 생각하고 궁금해하는 것이 중요합니다. 전철이나 버스 안에서 스마트폰을 보는 대신 출퇴근하는 사람들이 무얼 입고 있고, 그들이 필요한 물건을 일터에 어떻게 가져가며, 어떤 신발을 신고 있는지 관찰하는 겁니다. '센트럴 라인(Central line)에서 왜 8천 개의 끈이 달린 가방을 메고 있는

5   사회를 날카롭게 관찰한 영국의 잡지 에디터, 풍자만화가 및 초상화가.

걸까, 산을 오를 것도 아니면서.' 그들의 복장과 사소한 행동에서 의미를 찾는 흥미로운 여정이 될 수 있습니다.

당신 커리어의 다음 행선지는 어디일 거라고 생각해본 적이 있나요?

쉬고 싶어요. (웃음) 은퇴까지는 아니지만요.
그리고 글을 더 많이 쓰고 싶습니다. 요새는 너무 바빠서
뭔가를 쓸 시간이 없거든요. 쓰고 싶은 책이 두 권 정도
있어요.

어떤 주제에 관한 책인가요?

개인적으로는 소설을 써보고 싶습니다. 아이디어가
두 개 정도 있는데요. 그중 하나는 여러 번 결혼을 한
제 어머니에 관한 소설이에요. 가장 짧은 혼인 기간은
9개월이었어요. 무척 긍정적인 마인드를 가진 분입니다.
늘 다음번에는 더 괜찮은 사람을 만날 거라고 믿고
계셨죠. (웃음) 여러 아버지 밑에서 자란 제 이야기도
자연히 녹일 수 있을 것 같고요. 출판 에이전트도 있지만
요즘은 막상 글을 쓸 시간이 전혀 없네요.

마지막으로 에디터가 되고 싶은 사람들에게 어떠한 조언을

요즘에는 진입 장벽이 무척 낮아졌죠. 에디터 혹은 저널리스트가 되고 싶다면 굳이 어딘가에 고용되지 않고도 가능합니다. 대학을 갓 졸업한 사람들이 찾아와서 자주 묻는 질문이기도 한데요. 그러면 저는 즉시 그들의 이름을 구글링 해보고 소셜 미디어가 공개되어 있는지 봅니다. 에디터나 작가 등을 꿈꾼다면 블로그가 있는 게 보통이죠. 자신의 웹사이트나 블로그가 없다면 왜 안 하는지 의문이 듭니다. 이야기를 만들어 사람들에게 알리고 정보를 공유하는 걸 좋아해야 하는 직업이잖아요. 미스터포터나 신문사, 매거진 «B»에 취직하지 않아도 가능하고요. 독자 수가 적을 수는 있겠지만 그건 중요하지 않습니다. 자신의 세계를 창조하는 게 중요해요. 계정을 생성하는 데는 몇 분 걸리지도 않습니다. 어느 정도는 누구나 에디터가 될 수 있는 세상이 된 거죠. 소속이 없더라도 스스로 첫 발을 떼는 것이 가장 중요하다고 조언하고 싶네요. 뭔가를 모를 때 즉시 해답을 찾는 습관을 기르는 것도 좋겠습니다. 예를 들어 친구와 이야기하다가 특정 이름이 생각나지 않을 때, 그저 궁금해하다가 잊어버리면 아무 의미가 없습니다. 스마트폰이 대중화된 지금은 바로 검색이 가능하잖아요. 꼬치꼬치 캐묻는 성격이나 짧은 집중력이 단점 대신 장점으로 작용하는 직업군이기도 합니다. (웃음) 개인적으로 쉽게 지루함을 느끼는 편인데요. 나쁠 때도 있지만 콘텐츠를 만드는 사람으로서 도움이 될 때가 많습니다. 만사를 폭넓게 보는 일도 중요하고요. 면접에 오는 사람이 텔레비전을 보지 않는다고 하면 무척 의아합니다. 우리 소비자의 90퍼센트 이상은 봅니다. 그러니 보지 않고 그들의 관심사를 어떻게 알아채고 연결할 수 있을까요? 다른 사람이 무엇에 관심을 갖고 있는지 관심을 가져야 합니다. "나는 소셜 미디어를 하지 않아요."라고 말하면 시크해 보인다고 생각할지 모르겠지만 제게는 부정적인 태도로 느껴집니다. 부디 모든 것을 보세요.

재러미 랭미드

제러미 랭미드는 1965년 영국에서 태어나 센트럴 세인트 마틴 (Central Saint Martins)에서 패션 디자인을 전공하고 1990 년에 졸업했다.

—

《태틀러》와 《엘르 데코레이션(Elle Decoration)》 등의 매거진을 거쳐 《선데이타임스》에서 《선데이타임스 스타일 매거진(The Sunday Times Style Magazine)》을 런칭하며 경력을 쌓았다.

—

《런던 이브닝 스탠더드》에서 피처를 담당했고, 2003년부터 2007년까지 《월페이퍼》 편집장을 거쳐 《브리티시 보그》를 새로 개편하는 데 3년 7개월가량 힘을 보탰다.

—

이후 미스터포터의 창립 멤버로 참여해서 2010년부터 4년간 콘텐츠팀을 이끌었다.

—

세계 최대 경매 회사 크리스티의 최고 콘텐츠 책임자(Chief Content Officer)로 부임하며 잠시 회사를 떠났다가 2015년 6 월에 미스터포터로 복귀, 브랜드 비전 총괄과 함께 콘텐츠와 마케팅 전략을 책임지고 있다.

—

instagram @jeremylangmead

제러미 랭미드
Jeremy Langmead

"

1960년대에 «선데이타임스 스타일 매거진»에서 근무하다
후에 소설가가 된 필립 노먼이 쓴 «Everyone's Gone to
the Moon»을 감명깊게 읽었습니다. 그는 피처팀 미팅에서
엘리자베스 테일러(Elizabeth Taylor)와 리처드 버튼
(Richard Burton)에 대한 이야기를 쓰겠다고 제안했고,
기사 하나를 위해 넉 달 동안 세계 여기저기로 그들을
따라다니며 취재했습니다. 린지 힐섬이 쓴 «In Extremis:
The Life and Death of the War Correspondent
Marie Colvin»도 추천합니다. 종군기자였던 메리 콜빈의
일대기를 담은 책이죠. 그와 함께 일한 적이 있는데
아쉽게도 그는 2012년 시리아 내전에서 목숨을 잃었어요.
용감한 인생을 산 여성의 이야기로 완벽한 저널리즘의
예를 보여주는 책입니다.

"

Norihiko Sasaki

사사키 노리히코

Tokyo

02

사사키 노리히코는 역사 깊은 출판사인 동양경제신보사에서 커리○
맡고 있는 일본의 젊은 편집자이자 경영자이다. 그는 사람과 일, 세
한다고 강조하며, 편집의 과정을 통해 세상을 바꾸고 싶다고 말

악해 현재 비즈니스 뉴스 플랫폼 뉴스픽스의 최고 콘텐츠 책임자를

나 재화를 연결하는 새로운 그림을 그릴 수 있는 사람이 더 많아져야

에디터는 과감히 비즈니스를 펼쳐야 합니다

두 차례 이메일 인터뷰,
2019년 4월 27일 토요일, 5월 14일 화요일

외국계 금융회사에서 미디어 업계로

게이오 대학 쇼난 후지사와 캠퍼스(SFC)[1] 출신이라고 하면 보통 외국계 기업에 취직하거나 스타트업을 시작하는 사람이 많은 것으로 알려져 있는데요. 특별히 미디어 분야에 취업한 이유가 있나요?

워낙에 책을 좋아해서요. 사실 대학 졸업을 앞두고 골드만삭스(Goldman Sachs)에서 일하기로 내정되어 있었습니다. 그대로 있었더라면 아마 지금도 금융 분야에서

[1]   일본 가나가와 현 후지사와 시에 소재한 게이오기주쿠 대학의 캠퍼스. 학제간 연구 및 융합학문을 본격적으로 다루기 위해서 1990년에 개교했으며 현재 종합정책학부, 환경정보학부, 간호의료학부로 구성되어 있다. 일본 사회 각 분야에서 활발히 활동하는 인사들이 교수로 재직했거나 재직하고 있다.

일하고 있었을 거예요. 하지만 인턴으로 들어가 업무를 배우면서 제 적성에 맞지 않는다는 사실을 알게 됐어요. 역시 미디어 업계로 가야겠다 싶었죠.

어떤 부분이 맞지 않던가요?

무엇보다 호기심 하나로 살아온 인간이다 보니 (웃음) 한 가지 일에 집중하기 힘든 제 성격도 원인으로 작용했을 겁니다. 저는 사람을 크게 네 가지 타입, 돈을 좋아하는 사람, 사람을 좋아하는 사람, 아이디어를 잘 내고 그로 인해 벌어지는 일을 좋아하는 사람, 물건을 좋아하는 사람으로 분류할 수 있다고 생각하는데요. 골드만삭스에서는 돈을 좋아하는 사람이 경쟁에서 유리할 수밖에 없죠. 그런데 돈에 관심도 없는 제가 그 회사에 들어간 겁니다. '그저 세간에서 좋은 회사라고 하니까 별생각 없이 입사했구나' 하는 생각이 인턴 첫날부터 들더군요. 저는 아이디어를 잘 내고, 그로 인해 벌어지는 일이나 사실 및 상황을 확인하고 이해하고 분석하기를 압도적으로 좋아하는 사람이에요. 누군가를 인터뷰하는 것도 그 사람의 사고방식이나 사상에서 파생된 사실이 궁금하기 때문이죠. 그리고 그런 사실을 상징하는 것이 바로 책이고요. 어떤 주제에 관한 책이든, 저자의 아이디어를 정제하고 압축해 담은 거니까요.

'역사에 남을 책을 만들고 싶다', '전통 있는 회사에서 편집자로 일하고 싶다'는 생각에 출판사로 전직했습니다.

진로를 출판업으로 변경한 후에는 어땠나요?

정말 정신없이 시간이 흘렀습니다. 동양경제신보사[2]라는 유서 깊은 출판사에 들어가서 처음에는 종이 매체를 다루는 편집자로 일했습니다. 그 후 디지털 미디어 동양경제 온라인의 리뉴얼을 맡으면서 온라인 매체에 대한 관심이 생겼고요. 때마침 2013년 가을에 뉴스픽스가 설립되었고, 저는 2014년 뉴스픽스의 모기업인 유자베이스로 이직하여 현재는 뉴스픽스 최고 콘텐츠 책임자(CCO) 겸 뉴스픽스 스튜디오 CEO로 일하고 있습니다.

2   일본 정치인 마치다 주지(Chuji Machida)가 1895년에 창간한, 일본에서 가장 오래된 주간 경제 신문사. 신문을 비롯하여 전문 잡지와 정치, 경제 서적을 출판하고 있으며 데이터베이스 사업, 세미나 사업, 부동산 운용 사업을 진행 중이다. 도쿄에 본사를 두고 있으며 회사에서 발행하는 주간 《동양경제》는 일본의 3대 경제 전문지 중 하나다.

뉴스픽스의 최고 콘텐츠 책임자(CCO)로서 현재 어떤 일을
맡고 있나요?

뉴스픽스(NewsPicks)[3]에서는 신규사업을 담당하는
이사직을 맡아 뉴스픽스 아카데미아[4]의 책임자로 일하고
있습니다. 새로운 서비스 개발에도 참여하고요. 덴쓰
(Dentsu, 일본 유명 광고회사)와의 합병회사인 뉴스픽스
스튜디오에서는 CEO로서 포스트 텍스트 시대를 위한
영상 콘텐츠 제작과 새로운 비즈니스 모델 개발을
진행하고 있습니다. 뉴 미디어 아티스트이자 연구자로
활동 중인 오치아이 요이치(Yoichi Ochiai)를 호스트로
초빙해 ‹위클리 오치아이(WEEKLY OCHIAI)›라는
방송을 진행 중인데
앞으로도 경제, 교양
분야의 방송을 더 늘릴
예정입니다.

아주 바쁜 시간을 보낼 것
같은데요. 평소 일주일을 어떤
식으로 사용하는지 궁금합니다.

아침에 일어나면 우선
딸을 보육원에 보내요.

3   일본의 산업 및 금융 정보기업
유자베이스(Uzabase)의 사업 영역은
크게 B2B인 스피다(Speeda)와 B2C
인 뉴스픽스 등으로 나뉜다. 스피다는
블룸버그나 톰슨 로이터 등을 모델로
한 산업 및 기업 정보 분석 플랫폼이며,
뉴스픽스는 경제·경영 뉴스 기반의
뉴스 큐레이션 및 커뮤니티 서비스이다.
유자베이스는 2018년 7월, 미국의 경제
온라인 매체 쿼츠(Quartz)를 인수하며
화제를 모았다.

4   도서, 온·오프라인 강연,
세미나 등의 콘텐츠를 매월 5천 엔에
제공하는 뉴스픽스의 서비스

오전 10시쯤 업무를 시작해서 밤 10시에서 11시까지 회사나 현장에 머무를 때가 많고요. 대부분 콘텐츠 기획 회의나 비즈니스 회의, 취재, 방송 출연 등의 일이라 사무실에 있는 시간이 그리 많지 않습니다. 여러 가지 일을 하는 만큼 여러 현장을 뛰어다니고 있어요. 현재 두 개의 토크 방송 진행을 맡고 있는데 녹화가 밤늦게까지 이어질 때가 많아요. 업무가 비교적 빨리 끝나는 날에도 강연 같은 행사가 있거나, 회식이나 지인과의 술자리 등으로 바쁩니다.

크게 변화하는 시대에는
과거를 모르는 사람이 유리하다

같은 업계라고는 하지만, 일의 성격이나 방식을 봤을 때 전혀 다른 세 가지 커리어를 매우 빠른 시간 안에 경험했네요.

> 콘텐츠나 미디어를 좋아하는 마음에는 변함이 없어요. 다만, 뉴스픽스로 이직한 후 에디터 일뿐 아니라 회사 전체 경영에도 관여하면서 일반적인 사업 전개와 콘텐츠 제작의 많은 부분이 닮았다는 사실을 피부로 느끼고 있습니다. 에디터야말로 더 적극적으로, 더 과감하게 자신의 비즈니스를 펼칠 필요가 있어요. 다양한 분야를 연결해서 가치를 만드는 편집자의 재능을 잘 발휘한다면 다른 직업에 있는 사람보다 성공할 확률이 높으니까요. 뉴스픽스로 전직하기로 결심한 가장 큰 이유는 창업자인

우메다 유스케(Yusuke Umeda)와 '새로운 세대를 위한 경제 미디어 플랫폼을 만들자'는 비전을 공유했기 때문입니다.

뉴스픽스에서의 성과도 물론이지만, 그전에 동양경제 온라인에서 이뤄낸 일에 관해 이야기하지 않을 수 없습니다. 2012년, 동양경제 온라인 리뉴얼 오픈과 동시에 굉장한 반응이 있었다고 들었어요. 정확히 어느 정도였죠?

리뉴얼 오픈 후 4개월 만에 월간 5300만 PV(페이지 뷰)를 기록했던 것으로 기억합니다. 하지만 벌써 7년이 지난 이야기예요. 제가 편집장을 그만둔 후에도 동양경제 온라인은 굉장한 속도로 성장했습니다. 2019년 2월 기준으로 이미 월간 1억 6698만 PV를 넘어섰다고 들었어요.

당시 리뉴얼을 위해 새롭게 내세운 캐치프레이즈가 '신세대 리더를 위한 웹사이트'였어요.

일본의 경제·경영 미디어 대부분이 40대 이상 남성 독자를 대상으로 하고 있었기 때문입니다. 인구 측면에서는 30대의 숫자가 가장 많은데 말이죠. 이제 막 사회로 진출하기 시작한 젊은 세대가 읽을 만한 앞으로의 시대에는 기자보다 편집자의 가치가 높아질 것이고, 더 덧붙이자면 편집자보다 편집자 겸 경영자의 가치가 높아질 것이라고 봅니다. (…)

오늘날에는 동영상, 음성, 사진, 문자, 이벤트 등 무수한 편집 대상이 있습니다. 게다가 각 분야의 경계가 점점 흐릿해져서 다양한 분야를 연결해 의미를 창출할 수 있는 시대입니다. 그래서 편집자는 이 좋은 재료를 활용할 줄 아는 요리사가 되어야 하죠. 칼질 전문, 밥 짓기 전문처럼 장인의 방식이 아니라, 자르고 굽고, 짓고, 담아내는 모든 걸 해낼 요리사의 재능을 가진 사람의 가치가 앞으로 비약적으로 올라갈 겁니다. 3년 반 전에도 이런 생각을 했는데, 지금도 이 생각은 변함없습니다.

경제 전문 미디어가 전혀 없다니, 이상하다는 생각이 들더군요. 앞으로 세상을 만들어갈 사람들이 어떤 생각을 하고, 어떤 비전을 가지고 도전하고 있는지 더 상세하게 취재해서 소개한다면, 그들에게 참고가 되고 동기부여가 되지 않을까 하는 마음이 가장 컸습니다. '신세대 리더 50명'이라는 기획 기사가 상징적인데요. 유명 경제 미디어에 아직 등장하지 않은 20~30대 리더를 매일 한 명씩 소개했습니다. 가장 불안했던 부분은 광고였어요. 40대 이상은 경제력이 있고 사내 영향력도 있다보니 광고 유치도 잘 됩니다. 반면 20~30대를 대상으로 하면 광고를 대체 어디서 유치하느냐는 의견이 많았어요.

인터뷰나 강연에서 요즘만큼 20~30대에게 유리한 시대도 없다고 언급한 바 있는데요. 그럼에도 한국과 일본뿐 아니라 세계의 많은 젊은이가 불안해하고 있습니다. 경제적으로도 상당히 침체되어 있고요.

지금처럼 기술혁신이 계속되고 많은 것이 크게 변화하는 시대에는 과거를 모르는 사람이 유리합니다. 인구는 점차 줄어들고 기술은 계속 발전하면서 20~30대의 노동력이 예전보다 더 귀해졌어요. 다시 말해 능력과 야심을 겸비한 20~30대들이 활약할 기회가 더 많아진 거죠. 일본의 고도 경제성장기를 생각해봅시다. 종신고용,

연공서열 등 판에 박힌 규칙과 고정관념을 가지고도 몇십 년씩 성장을 계속할 수 있었다는 의미에서 보면, 일본 역사상 가장 이상한 시대였는지도 모르겠습니다. 하지만 이제는 지금까지 잘 돌아가던, 아니, 잘 돌아간다고 믿고 있던 규칙이 통용되지 않는 시대로 변화하고 있어요. 기존 규칙에 얽매여 있는 게 오히려 약점이 될 수 있습니다. 아날로그에 익숙한 사람은 아무래도 스마트폰을 쉽게 받아들이기 힘들잖아요? 하지만 아예 처음부터 아날로그라는 세계를 몰랐던 사람은 디지털에 곧바로 적응합니다. 시대가 크게 요동치고 변화하는 지금, 아무런 고정관념이나 편견도 없는 '백지상태'야말로 미래에 대비하기 위한 최고의 강점입니다. 그런데 이런 유리한 상황을 충분히 활용하지 못하고 있다는 느낌을 자주 받아요. 이런 표현이 어떨지 모르겠지만 요즘 일본의 20~30대는 지나치게 반듯하달까. 기성세대의 말을 지나치게 신용하는 경향이 있어요. 하지만 그들이 만들어낸 규칙이 이곳저곳에서 무너지고 있으니, 무조건 믿을 필요는 없다는 이야기를 하고 싶어요. '과연 기성세대는 지금을, 이 시대를 잘 파악하고 있는 걸까?'라는 나름의 질문을 던지는 겁니다. 그리고 자신의 길을 가세요!(going my way) 떠오르는 아이디어를 적극적으로 행동으로 옮기는 것이 중요합니다.

뉴스픽스 편집장으로서 5년

뉴스픽스 편집장으로 취임하고 5년이 지났습니다.

2018년 연말 기준으로 유료 회원은 9만 5천 명, 무료
회원은 380만 명을 넘어섰습니다. 2019년 5월 기준으로
뉴스픽스 매출은 전년 대비 65% 늘어나서 10억 1천만
엔을 기록했고요. (유자베이스 전체 매출은 전년 대비
91% 늘어난 28억 4천만 엔을 기록) 젊은 사업가를
중심으로 한 밀레니얼 세대의 비중과 지지도가 특히
높은데요. 그 이유는 참신하고 뾰족한 콘텐츠 기획에
있다고 생각합니다. 첨단 비즈니스, 최신 테크놀로지,
세계 각국의 경제 동향을 가장 빠르게, 뛰어난 비주얼로
전달하는 것을 항상 염두에 두고 있어요.

콘텐츠 유료화에 관한 의견도 궁금한데요. 유료 회원제 뉴스 채널에 대한 독자의 인식 변화를 어떻게 바라보나요?

　　뉴스픽스가 거둔 성과를 통해 일본에서도 웹 기반 경제 미디어의 유료화가 가능하다는 사실이 입증되었습니다. 단, 보편적이고 일반적인 정보를 다루는 미디어의 유료화는 아직 어렵습니다. 영상만 봐도 일본은 무료 민영 방송이 차지하는 비중이 매우 높아서 넷플릭스가 시장 진입에 어려움을 겪고 있죠. 영상 콘텐츠의 유료화가 뿌리내리기 위해서는 여전히 시간이 필요해 보입니다.

모회사인 유자베이스가 2018년 7월, 미국의 글로벌 비즈니스 디지털 미디어 쿼츠[5]를 인수한 것도 같은 맥락일까요?

　　쿼츠를 인수한 이유는 '경제 정보를 통해 세상을 변화시킨다'라는 유자베이스의 미션을 실현하는 데 세계적으로 실적을 거둔, 뛰어난 디자인과 높은 품질의 콘텐츠를 보유한

5　　글로벌 비즈니스를 다루는 디지털 뉴스 매체. 2012년 뉴욕에서 론칭한 이래 빠른 속도로 성장하여 2014년 인도, 2015년 아프리카에도 출범했다. 웹사이트(qz.com)를 통해 모바일과 태블릿 사용자에게 콘텐츠를 제공한다. 비즈니스, 경제, 해외 등으로 나뉘는 전통적인 카테고리와 달리 쿼츠는 현상이나 경향, 패턴 등으로 뉴스를 큐레이션하며 혁신적인 뉴스 기업으로 평가받고 있다.

미디어가 꼭 필요했기 때문입니다. 현재 뉴스픽스 창업자인 우메다 씨가 쿼츠와의 개편 작업을 위해 뉴욕으로 거점을 옮겼어요. 100% 무료였던 서비스 모델이 유료와 무료 콘텐츠를 동시에 아우르는 모델로 무사히 진화할 수 있을지가 관건입니다.

2013년에 집필한 《5년 뒤 미디어는 살아남을까?》에서는 미디어 신세계에서 일어난 일곱 가지 큰 변화를 언급하고 있는데요. 급변하는 미디어 환경 속에서 뉴스픽스는 어떻게 대응하고 있나요? 마침 애플은 최근 새로운 뉴스 구독 서비스를 발표하기도 했습니다.

요즘 가장 힘을 쏟고 있는 부분은 영상입니다. 동영상 혁명이라고도 불리는 5G 시대가 시작되면서 앞으로도 더 많은 사람이 스마트폰으로 영상을 접할 것입니다. 영상을 잘 다룰 수 있는 미디어야말로 미래를 선점할 수 있어요. 물론 활자도 공존하겠죠. 단, 기사를 만들 때 활자뿐 아니라 영상과 사진을 함께 활용하는 방식이 지금보다 더 중요해질 것입니다. 어떤 이슈를 논리적으로 전할 때 활자만큼 효율이 좋은 것도 없지만, 이슈의 중심이 되는 인물의 열정이나 개성 등을 전하기에는 부족할 때가 많으니까요.

뉴스픽스의 내부 인력 구성은 어떻게 되나요? 아무래도 전통 매체보다는 다양한 직무와 협력할 것으로 예상되는데요.

> 뉴스픽스의 사원 수는 100여 명 정도 되고 콘텐츠 제작 담당, 인사 관리나 업무 지원을 포함한 비즈니스 담당, 엔지니어가 각각 1/3씩 비중을 차지하고 있습니다. 업무 면에서 자유도가 높고 수평적인 조직 문화를 중시하지만, 중요한 결정은 경영진 또는 각 팀의 리더가 내립니다.

뉴스픽스가 콘텐츠를 선별하는 기준은 무엇인가요?

> 해당 콘텐츠가 얼마나 영향력 있을지, 그리고 돈을 낼 만큼의 가치가 있을지를 염두에 두고 선별해서 제작합니다.

그동안 진행해온 기획 중에 가장 기억에 남는 것이 있다면 알려주세요.

> 2016년 7월, 도쿄 도지사 선거를 보름 앞두고 '이노세 나오키(Naoki Inose)가 말하는 도쿄의 암(癌)'이라는 인터뷰 기사를 발표했습니다. 이노세 씨는 작가이면서 2012년 겨울부터 1년간 도쿄 도지사를 지낸 인물이기도 합니다. 그를 직접 만나 당시 도쿄도가 직면한 정치,

경제 문제 및 차기 도지사에게 필요한 자질과 리더십을 물었습니다. 특정 인물의 비상식적인 권력 남용, 권력의 비대화, 수정이 시급한 예산 운용 등, 도쿄도의 암적 존재를 거침없이 비판한 이 인터뷰를 통해 여론이 눈에 띄게 바뀌었고 지금의 고이케 유리코(Yuriko Koike) 도지사의 탄생으로 이어졌죠. 동양경제 온라인에서 진행했던 '워킹 마더 서바이벌' 시리즈도 빼놓을 수 없어요. 다양한 현장에서 활약하는 여성의 출산과 육아, 일상생활을 이야기하는 연재 기획으로 단행본으로 출간하기도 했죠. 이 연재를 기획했던 사토 루미(Rumi Sato)는 현재 뉴스픽스 부편집장을 맡고 있습니다.

편집 사고의 중요성

《미국 출신 엘리트는 정말로 대단한 걸까(2011)》는 본인의
스탠퍼드 대학 유학 경험을 토대로 쓴 교육론이었고, 《5년 후
미디어는 살아남을까(2013)》는 그때까지의 커리어를 총괄한
미디어론, 이어서 2017년에 출간한 《일본 3.0》은 일본의 경제,
교육, 노동 환경 등의 현재와 2020년 후의 예측을 아우르는
국가론으로 볼 수 있을 텐데요. 현재 집필 또는 구상 중인 테마가
있나요?

  '편집 사고'를 테마로 집필 중입니다. 수직이 아닌
  수평, 또는 다른 방향으로 사람과 일, 서비스나 재화를
  연결하는 새로운 그림을 그릴 수 있는 사람이 더
  많아져야 해요. 경제, 문화, 기술을 어떻게 더하고

빼고 곱하느냐에 따라 미래는 다채로워질 거니까요.
편집해가는 과정, 그 의미를 통해 이 세상을 더 재미있는
곳으로 만들고 싶어요.

직업은 당신에게 어떤 의미인가요?

인생 그 자체입니다. 편집자로 사는 데는 일과 생활의
경계선이 없어요. 풀타임 편집자로서 몸과 머리 모두
120% 가동하고 있습니다.

다음 직업을 선택할 수 있다면요?

다시 태어나도 편집자나 프로듀서로 일할 것 같아요.
이만큼 재미있는 직업이 또 있을까 싶거든요.

스스로 에디터의 일을 정의한다면 무엇이라고 말할 수 있을까요?

일본어로 '편집'은 엮어서(編) 한데 모은다(集)라고
씁니다. 넘쳐나는 정보 중에서 가장 중요하고 흥미로운
사실만 잘 골라내고 그것들을 하나가 되도록 잇는
행위라는 거죠. 여기서 골라내는 대상은 서비스, 일, 사람
무엇이든 될 수 있습니다. 이처럼 편집이라는 행위에
대한 생각, 즉 편집 사고가 중요합니다. 경영자, 정치가,

연구자, 우리 모두에게 말입니다.

'편집 사고'를 하는 데 있어 가장 필요한 자질은 무엇일까요?

독립적(independent) 사고와 비판적(critical)
사고라고 생각합니다. 에디터십을 갈고닦기 위해서는
무엇보다 '혼자서' 생각할 수 있는 능력을 키워야 해요.
대세에 휩쓸리지 않는, 자기만의 확고한 신념이 있어야
비로소 다른 사람의 의견도 적절히 받아들일 수 있고,
그 결과 혼자서는 힘든 규모의 결과물도 뽑아낼 수
있습니다. 동시에 언제나 비판적인 시선으로 상식이라
불리는 것들을 바라보고 의심해야 합니다. 아무리 좋은
평가를 받고 있는 견해도 자세히 살펴보면 그저 과거를
답습했거나 다른 나라의 성공 모델을 따라한 경우도
있으니까요. 이런 일은 영역을 불문하고 비일비재합니다.
진정한 '오리지널'을 발견하기 위해서는 타인은 물론
자신의 생각까지 항상 의심해야 합니다.

편집자로서 뿌리가 궁금합니다. 어떤 어린 시절을 보냈나요?

규슈[6]에서 나고 자랐어요.
규슈를 구성하는 일곱 개
현 중에 특히 후쿠오카는

6   일본에서 세 번째로 큰
섬. 혼슈, 시코쿠, 홋카이도와 함께
일본 열도를 대표하는 섬의 하나다.

전통문화는 물론, 새로운 문화에 매우 개방적인 지역입니다. 메이지유신[7]이 규슈에서 시작된 건 우연이 아닙니다. 미국에 비유하자면 캘리포니아 같은 서부 해안의 분위기에 가깝다고 볼 수 있어요. 제가 태어난 사사키가(家)는 오래전부터 개혁에 대한 신념이 강했어요. 가끔 궁극적인 목표를 묻는 말에 '일본을 바꾸는 것'이라고 대답할 때가 있는데, 어쩌면 제 DNA 에도 규슈의 역사와 문화가 깊이 자리하고 있는지도 모르겠습니다. (웃음)

성공담이 주목받는 세상에서 역설적으로 실패에 대한 이야기가 얼마나 소중한지를 느낍니다. 뼈저린 실패의 경험이 있다면, 이야기를 들어볼 수 있을까요?

어른이 된 후에 두 번의 큰 실패를 겪었습니다. 우선 취업할 때, 제가 진심으로 원하는 게 무엇인지 모른 채 그저 주변에서 좋다는 것을 좇는 데 급급했어요. 인기 있는 외국계 금융회사의 면접만 계속 봤고 결국 제게 전혀 맞지 않는 일을 잠깐이나마 경험해야 했습니다. 그 후 1년 가까이 백수로 살다가 (웃음) 출판사에 입사했는데요.

7   19세기 후반, 일본에서 태동한 대규모 정치·사회 변혁이다. 서양 국제체계의 수용, 다원적 정치체제의 일원화, 신분제의 대폭적인 간략화, 중국 문명에서 서양 문명으로의 전환 등을 핵심으로 한다.

소속된 곳 없이 고독하게 보낸 그 시기를 돌이켜보면 나 자신과 깊이 대화를 나눌 수 있었던 매우 소중한 시간이었습니다. 또 한 번의 실패는 스탠퍼드 대학에서 유학하던 초반에 경험했습니다. 첫해부터 자만했던 것 같아요. 그러다 무너진 거죠. 현지 생활에 전혀 적응하지 못하고 자괴감에 빠져 지냈어요. 겨우 마음을 다잡고 도서관에 틀어박혀 미친 듯이 공부하면서 조금씩, 천천히 다시 일어설 수 있었습니다.

에디터가 되고자 하는 사람에게 추천하고 싶은 것이 있다면요?

첫째, 무조건 독서. 둘째, 많은 사람과 술을 마실 것. 술을 마시는 문화가 서서히 사라져가는 추세이긴 한데, 술만큼 사람과 사람을 이어주는 것도 없다고 생각합니다. 술을 마시면 즐거워지고 자연스럽게 아이디어도 떠오르죠. 잔뜩 읽고, 잔뜩 여행하고, 잔뜩 사랑하고, 사람들과 술을 잔뜩 마시고 잔뜩 떠드는 것. 그런 하루하루를 보내다 보면 어느새 매력 넘치는 에디터가 되어 있을 겁니다. 옛날, 아니 옛날이라고 해봤자 20~30년 전의 편집자만 해도 그런 삶을 살았는데 지금은 뭐랄까… 모두 지나치게 반듯하달까요. 에디터라면 누구보다 왕성한 호기심을 가지고 장난기 넘치는 존재로 남아 있기를 바랍니다.

사사키 노리히코

사사키 노리히코는 1979년 후쿠오카 현 기타큐슈 시에서 태어났다. 게이오 대학 종합정책학부를 졸업하고 동양경제신보사에 입사해서 자동차, IT 업계 관련 서적을 담당했다.

—

입사 5년째 되던 2007년, 2년간 휴직하고 스탠퍼드 대학교에서 국제정치경제 전공으로 석사과정을 밟았다.

—

2009년 귀국 후 주간 «동양경제» 편집부에서 «비(非)네이티브 영어 기술» 등의 기획을 담당하고 2012년 11월 동양경제 온라인 편집장으로 취임해 웹 미디어 리뉴얼 사업을 성공으로 이끌었다.

—

2014년 일본의 산업 및 금융 정보기업 유자베이스로 이직하고 뉴스픽스 편집장 겸 집행임원으로 취임. 2018년 뉴스픽스 편집장직을 퇴임하고 뉴스픽스 최고 콘텐츠 책임자(CCO) 겸 뉴스픽스 스튜디오 CEO로 일하고 있다.

—

저서로는 «미국 출신 엘리트는 정말로 대단한 걸까?(米国製エリートは本当にすごいのか？)»(동양경제신보사, 2011년), «5년 후 미디어는 살아남을까(5年後、メディアは稼げるか)»(동양경제신보사, 2013년), «일본 3.0(日本3.0)»(겐토샤, 2017년)이 있다.

—

twitter @norihikosasaki63

사사키 노리히코
Norihiko Sasaki

"

후쿠자와 유키치가 1875년에 발행한 《문명론의 개략》과
나쓰메 소세키의 강연록 《나의 개인주의》를 좋아합니다.
두 작품 모두 출간한 지 백 년이 넘은 책인데요. 뉴스
미디어를 운영하는 입장에서 이런 이야기를 하면
오해를 살 수도 있겠지만, 사실 저는 '뉴스를 꼭 볼
필요는 없다'고 생각하는 쪽이에요. 뉴스란 말 그대로
'새로운' 사실입니다. 오늘은 어떤 일이 일어났는지,
어제는 어땠는지 등… 하지만 우리 삶에 정말 중요한
것은 새로움이 아니라 오래된, 보편적인 지식에서 찾을
수 있다고 생각합니다.

독서 외 취미로는 수영과 영화 관람이 있어요. 수영은
유학 시절에 건강을 위해 시작하여 지금까지 10년 넘게
계속하고 있는데 천천히 헤엄치다 보면 스트레스가
풀리거든요. 영화도 좋아해요. 아무리 바빠도 일주일에
한 번은 꼭 영화관을 찾으려 합니다.

"

Toikye Cho, Jeehyun Lee

조퇴계
이지현

Seoul

03

조퇴계는 컨설팅, 금융사에서의 경험을 토대로 기업에서 로컬 숍
(Broadcally)»를 창간했다. 이지현은 현재 금종각(Golden E
컬리»의 디자인을 담당한다. 부부이기도 한 이 둘은 자신들이 원
하는 것을 직접 취재하는 식의 접근법을 취하고 있다.

시야를 돌려, 퇴사 후 2016년 로컬 숍 연구 잡지인 «브로드컬리

mple Graphics)의 대표 디자이너로 활동을 병행하며 «브로드

내용의 책이 없어서 이를 직접 만들었다고 말하며, 자기가 궁금해

남이 궁금해할 것 같은 거 대신,
내가 궁금한 걸 취재하세요

서울 용산구 해방촌 브로드컬리 사무실,
2019년 3월 28일 목요일 오후 2시

취재는 로컬 숍에 대한 관심을 표현하는 방법 중 하나

그동안 창업한 지 3년 이하의 카페, 민박, 서점, 빵집 등을 인터뷰해 책으로 엮었는데요.

> 이지현(이하 이):
> 서점을 예로 들자면, 서점을 열고 싶은 사람이나 서점에 관심 있는 독자가 보기에 10~20년보다는 2~3년 정도 운영한 분들의 이야기가 더 와닿을 거라고 생각했어요. 건물의 임대 계약 기간이 대개 2년이잖아요. 그러니 재계약까지 고민이 많을 시기인데, 이때가 가게 운영의 감도 어느 정도 생기고 한창 생각도 많아지는 때 같아서 3년 이하를 기준으로 잡았어요.

조퇴계(이하 조):
(상가 임대차) 재계약은 공간을 운영하는 데 매우 현실적인 문제예요. 이 현실 문제를 취재에서 다루는 게 좋다고 생각했어요. 막 시작한 가게는 자금이나 마음에 여유가 있을 것이고, 오래된 가게는 이미 많은 노하우를 쌓아서 지속 가능성에 대한 고민을 덜할 것 같았어요.

첫 책을 낸 지도 벌써 3년이 지났더군요. 여전히 안부를 주고받거나 다시 방문하는 가게가 있나요?

이: 그럼요. (첫 책으로 서울의 3년 이하 빵집들을 다룬 후로는) 주인이 어떤 마음으로 빵을 만드는지 알기 때문에 계속 방문하는 빵집이 있어요. 중요한 일이 있을 때면 일부러 멀리 떨어진 가게를 찾기도 하고요. 그런데 인터뷰한 가게 중에 없어진 곳이 많아요. 20년 넘게 잘되고 있는 곳을 취재했다면 없어질 가능성이 낮은데, 저희는 그렇지 않잖아요. (폐업) 소식을 나중에 알게 되기도 하고, 운영 중인 가게를 손님으로서 찾아갈 때도 많아요.

조: 취재도 취재지만, 저희가 원래 로컬 숍에 관심이 많았어요. 취재는 어쩌면 그 관심을 표현하는 방법 중 하나이고요. 지나가면서 그냥 들르곤 해요.

《브로드컬리(Broadcally)[1]》 5호는 잘 마감했나요?

조: 이제 인터뷰 마무리 단계이고, 이번주면 인터뷰가
끝나요. 인터뷰이 찾기가 어려워 시간을 많이 썼어요.
원래 지금쯤 인쇄해야 4월 말에 발행할 수 있는데,
독자와의 약속을
지키지 못할 것 같아요.
가시방석에서 작업하고
있습니다.

이번에는 텀블벅(tumblbug)[2]으로
예약 구매한 사람들에게 서울의
3년 이하 가게들 추천도 받았죠?
인터뷰할 가게를 어떻게 찾고
섭외하는지 궁금해요.

조: 추천은 처음
시도해봤어요. 물론
도움이 되었지만 한계도
있었어요. 《브로드컬리》의
기획은 취재처 구하기 쉽지
않아요. 서점이 그나마 쉬운
편이었고 제주도 이주민의

1   《브로드컬리》는
발행인의 독립적 관점이 담긴 로컬
숍 연구 잡지로, 자영업 공간을
연구한 결과를 잡지 형태로 담아내고
있다. 2019년 8월 기준, 지금까지
서울의 3년 이하 서점, 빵집, 카페와
제주의 3년 이하 이주민의 가게를
다뤘다. 5호 '서울의 3년 이하
퇴사자의 가게: 하고 싶은 일 해서
행복하냐 묻는다면?'은 2019년 5월
12일에 초판을 발행했고, 1쇄 2000
부 배본을 시작한 지 하루 만에
중쇄를 찍었다.

2   2011년부터 한국에서
서비스를 시작한 크라우드 펀딩
사이트. 예술, 문화 콘텐츠를 주로
다루며 문화 창작자를 독립적으로
지원하는 것을 목표로 한다. 어느
누구든 자신의 창작 프로젝트를
올리고 후원을 요청할 수 있으며
후원자는 후원 대가로 소정의
기념품을 후원금에 따라 차등적으로
전달받는다. 2018년 기준, 누적
후원금은 550억 원, 펀딩에 성공한
프로젝트는 9000건을 넘었다.

가게들은 정말 어려웠어요. 왜냐하면 가게 간판에 제주로 이주했다고 써놓지 않으니까요. 그래서 바보 같은 방법을 썼어요. 국립중앙도서관에 가는 등 모든 수단을 동원해 제주도에서 가볼 만한 가게들을 찾았고, 인터넷으로 공간의 이미지를 확인하며 300~400개 목록을 만든 뒤 무작정 방문했어요. '여긴 괜찮겠다' 싶으면 한 번 더 가요. 인사를 주고받으면서 얼굴을 익히고, 다음 날이나 다다음 날 다시 방문하죠. 그때 혹시 타 지역에서 이주하셨는지 조심스레 여쭤봐요. 그렇게 손님으로 100곳 넘는 가게를 갔어요. 알고 보니 제주도 이주민이 아니거나, 초등학생 때까지는 제주에 살았던 분도 계셨기 때문에 섭외 성공 확률이 20% 미만이었습니다.

초기 투입 비용도 많았겠어요.

이: 구조적인 문제이기도 한데요. 1년에 한두 권씩 책이 나오다 보니, 다음 호를 내기 전이 항상 보릿고개예요. 예산이 가장 없을 때 추가로 돈이 드는 취재를 하려니 편집장 몸이 힘들었죠. 다행히도 책이 한 권씩 더 나올 때마다 보릿고개의 강도가 조금씩 약해지고 있습니다.

조: 돈은 있는 만큼만 썼어요. 밥은 주로 섭외 후보지에서

먹고, 그 외 끼니는 800원짜리 보리빵으로 때웠어요. 렌터카를 이용하는 대신 버스와 킥보드로 다녔고요. 원래 중고 브롬튼(Brompton) 자전거를 구매해 그걸 타고 다니는 상상을 했는데, 중고 가격도 비싸더라고요. 대신 튼튼한 킥보드를 타고 다녔습니다. (웃음)

평균 두세 번씩은 방문했겠어요.

조: 그렇게 손님처럼 두 번 정도 확인차 가요. 주인이 직접 운영하는 가게를 취재하는 게 목적인데, 아닌 경우도 있으니까요. 그 뒤로는 말 그대로 섭외 요청을 하죠. 물론 거절당하는 경우가 많아요. 매거진 «B»처럼 사람들이 잘 아는 잡지면 좋을 텐데요.

이: 관심 있는 가게를 늘 머릿속에 두고 찾아다니는 편이에요. 일례로 신혼여행을 베를린으로 갔는데 이 사람이 하루에 카페를 다섯 군데씩 가서 제가 화를 냈던 적이 있었어요. 저도 카페를 좋아하지만 커피는 그만 마시고 싶더라고요. 평소에 지나가다가 흥미로워 보이는 가게를 발견하면 멈춰 서서 메모해요. 제 눈에는 모든 일상이 간접적인 섭외 과정으로 보여요. 동네에서 가게 하나가 없어지고 새로 생겼다? 그럼 그곳은 자동으로 다시 가봐야 하는 곳이 되겠죠.

자기 공간을 독립적으로 운영하는 사람에 대한 동경에서 시작하다

거의 생활 습관처럼 몸에 배어 있겠어요. 어린 시절에 부모님께서 가게를 운영했나요?

조: 그렇지는 않아요. 아버지는 선생님, 어머니는 간호사이신데요. 저는 대학생 때부터 원래 가게 가는 걸 좋아했어요. 제가 어쩌다가 가게를 좋아하게 되었을까를 돌이켜보면, 학생 때부터 공부만 하다 보니 마음 한 편에 자기 공간을 독립적으로 운영하는 사람에 대한 동경이 있었어요. 그 시작은 2010년 초반의 카페였고요. 마침 당시 카페가 붐이었거든요. 우연히 주인분들과 친해져서, 그들로부터 카페 돌아가는 이야기를 듣는 게 좋더라고요. 같은 커피를 마시더라도 기분이 달랐어요. '이 원두가

생두 때는 얼마인데, 로스팅을 해서 받아오면 얼마고, 내가 직접 하면 얼마고…' 같은 이야기를 알고 나면 커피 마시는 즐거움이 더 커졌어요. 그런 삶을 독립적으로 사는 사람들의 이야기가 저에겐 동기 부여가 되었어요.

조퇴계 편집장이 RA로 일했을 때의 경험이 궁금한데요. 기업 분석 보고서를 만들 때의 관점이 로컬 숍을 취재하는 데도 유효한가요?

조: 애널리스트를 보조하는 역할인 RA(Research Assistant)로 커리어를 시작했는데요. 전체 근무 기간은 짧았지만 인턴 등을 오래 했기 때문에 사업체를 바라보는 시각 등 그때 배운 것들이 많은 도움이 되었어요. 다만 그 영향이 숫자에 한정된 건 아니에요. 증권사에서 발행하는 기업 분석 보고서의 경우, 정도의 차이는 있겠지만 어떤 기업을 두고 투자를 권유할 때 보통은 장점(up side)을 언급하잖아요. 그런데 꼭 빠지지 않고 들어가는 부분이 단점(down side)이에요. 이 사업이 잘 안 될 수도 있는 요인을 한 번 분석하고요, 그럼에도 불구하고 (투자를) 고려해볼 만한 이유를 또 쓰거든요. 이렇게 기업을 분석하는 것도 보람 있는 일이라고 생각했어요. 학생 때 로컬 숍 관련 잡지를 본 적이 있는데 주로 좋은 점 위주로만 말해서 아쉬웠거든요. 좋아하는

대상에 대해 입체적으로 대화를 나누면 더 재미있을 텐데요.

이: 칭찬만 하면 재미가 덜 하죠. (웃음)

조: "(이 가게는) 이걸 잘해. 비싼 밀가루를 쓰고, 원두를 어렵게 구해와. 기계도 비싸고 좋대. 대신 내부적으로는 노무 관계의 어려움이 있다. 원두 거래처랑 이러이러한 문제가 있어서, 이렇게 해결했대." 처럼 속사정을 알면 가게를 훨씬 입체적으로 파악하는 동시에 애정을 가질 수 있을 텐데 그런 내용이 없더라고요. 그래서 제가 《브로드컬리》를 시작할 때, 회사에서 배운 걸 적용해야겠다고 생각했어요. "이 가게는 어떤 단점에도 불구하고 이러이러한 노력을 하고 있기 때문에 나중에는 더 좋아질 것"이라고 말할 수 있으니까요.

로컬 숍을 취재한 콘텐츠를 영상이나 다른 포맷이 아니라 종이책에 담으려고 한 이유가 있을까요?

조: 돈을 받고 콘텐츠를 팔 수 있는 방법으로 책 이상이 없다고 생각했어요. 그땐 유튜브를 몰랐네요.

이: 초기에 이 문제에 대해 논의한 적이 있어요. 정보를

주는 책이라면 표와 그래프, 통계 등으로 구성될 수
있잖아요. 그런데 이 책에는 왜 글만 있는지, 돈 이야기는
왜 구체적으로 나오지 않는지 등 서로 의견이 달라서
충돌하기도 했어요.

그럼 편집부의 의사 결정은 어떤 식으로 이루어지나요?

조: 제 명함에 '발행 및 편집'이라고 적긴 했지만 제가
모든 걸 결정하지는 않아요. 저는 우선 취재를 하고 글을
쓰죠. 그리고 팀원들에게 글을 읽어보게 하고, 코멘트를
받아 수정해요. 대개 그 역할은 편집장이 하잖아요.
한편 저는 편집장 이전에 로컬 숍을 좋아하는 사람이다
보니, 독자의 관심과 동떨어진 내용까지 장황하게
늘어놓을 때가 있어요. 그래서 팀원들이 첫 독자가 되어
재미없는 부분을 알려줍니다. 결과적으로 최대한 많은
사람이 재미있게 읽을 만한 글을 만들기 위해 모두가
편집장의 일을 나눠서 하는 거죠. 재미가 있어야 읽힐
수 있고, 읽혀야만 하고 싶은 말을 독자에게 전할 수
있으니까요.

이: 유통은 어떤 방향으로 할지, 이번 행사는 나갈지 말지,
행사는 어떻게 진행할지 등 그 외의 의사 결정도 대부분
팀원들과 함께 논의해요.

두 분을 제외한 다른 팀원과는 전부터 알고 지낸 사이였나요?

조: 원래부터 친분이 있는 건 아니지만 SNS 등을 통해 느슨한 연결 고리를 유지하고 있었어요. 잡지 창간 무렵, 통장에 돈이 몇 만 원 정도밖에 없어서 처음에는 책을 같이 만들어보자고 빌었어요. (웃음) 러닝개런티 (running guarantee, 흥행 수입에 따라 받는 금액) 형식으로 설득했고요. 현재는 저만 풀타임이고, 다른 팀원들은 각자의 전문 분야에서 일하면서 겸업하고 있습니다. 각 분야에서 잘한다고 생각하는 분들입니다.

이: 지금이야 뚜렷한 결과물이 있지만 그때는 레퍼런스가 하나도 없었어요. 저조차도 재능 기부가 될 확률이 많아 참여 여부를 많이 고민했어요. 당시 저는 편집장과 연애 중이었는데 편집장 혼자 일하게 하느니 함께 있기 위해서라도 참여했죠. (웃음) 하지만 다른 팀원 입장에서는 그냥 도와준다는 정도의, 도박 같은 결정이 아니었을까 싶습니다.

오, 정말? 보다는 헐, 진짜?

《브로드컬리》 다음 커리어에 대해서도 생각하나요?

조: 지금 하는 일이 만족스러워서 이걸 더 잘하고
싶은 생각이 커요. 처음 시작할 때부터 '책'보다는
'가게'가 관심사였고, 로컬 숍이 돌아가는 구조를 알리고,
그로 인해 사람들이 로컬 숍에 대해 좀 더 입체적인
애정을 가지면 좋겠다는 게 목표였어요. 그 과정에서
종이책이라는 수단을 선택한 거죠. 활자 매체가 담을
수 있는 솔직함엔 한계가 있다고 생각해서, 현장에서
참가자들이 실시간으로 진행되는 인터뷰를 듣고 궁금한
뒷이야기를 물어보는 오프라인 행사 '오프더레코드(Off
the Record)'를 계획하기도 했습니다. 그런데 막상 책을

만들어보니 책이라는 매체가 갖는 힘이 강력하더군요.
그걸 미처 몰랐어요. 책이 점점 자리를 잡아가면서
여기서 느끼는 보람도 크고요. 그래서 요즘은 책을 더 잘
만들고 싶어요.

가게를 직접 차릴 계획도 있나요?

조: 그 질문을 간혹 받는데요. 제가 가게를 좋아하는
데는 이유가 있어요. 그 이유를 고려하면 가게를 직접
차리자는 결론이 안 나요. 남의 가게에 가는 게 더
이득이라고 생각해요. 그분들이 하시는 일을 알고 나면
제가 내는 돈이 아깝지 않거든요. 그렇다고 제가 커피
마시면서 "고생 많으십니다. 1천 원 더 드릴게요"라고
하거나, 서점에서 "큐레이션, 음악, 공간 모두 좋아서
책값을 10% 더 드릴게요"라고 하지도 않으니까요. 저라면
그 가격으로는 안 팔고 싶을 것 같아요. (웃음) 더 비싸게
팔아야 하는데 그러면 팔리지 않겠죠. 대신 로컬 숍을
최대한 많이 즐길 수 있는 생태계를 만드는 게 제게도
좋은 일이에요. 물론 세상의 모든 가게를 좋아하는
건 아니지만 적어도 제가 좋아할 만한 가게가 세상에
더 많았으면 좋겠고, 지속 가능하면 좋겠어요. 여기에
도움을 주고 싶다는 생각으로 책을 만들고 있어요. 출판
활동도 실은 제 이득을 위해 하는 일이에요. 그분들 일이

＞ 더 잘되면 상생하는 거죠.

평소 가게를 방문하고 고르는 일부터 책에 무엇을 담을지까지
꽤 많은 선별과 선택의 과정이 있을 것 같아요. 에디터 일에 대한
나름의 기준과 생각이 궁금합니다.

＞ 조: 우리가 취재한 내용을 글로 전할 때 '오 정말?'보다는
'헐 진짜?'라는 느낌을 주는 게 더 좋은 것 같아요. '오,
정말 잘하고 있구나, 정말 노력하고 있구나'가 아니고,
'저런 데도 저걸 하고 있단 말이야? 왜 저걸 하지?'라는
질문을 제시하는 것이 저희의 취재 및 편집 방향이에요.
분명 그 뒤에 숨어 있는 이유들이 있는데, 그걸 알려주는
거죠. 인터뷰를 하면 서점 주인이나 빵집 주인들은
당연히 자신이 책이나 빵에 대해 가지는 애정을 많이
언급하는데요. 책에 그런 내용들은 거의 안 들어가요.
그건 그분들이 이미 잘 알고, 잘하고 있는 것에 대한
이야기니까요. 《브로드컬리》는 기본적으로 그분들이
잘하고 있다는 가정 아래 취재하기 때문에, 멋진
부분보다는 사람들이 생각할 때 '이건 정말 고생스러울
것 같은데?' 하고 궁금증을 가질 만한 부분을 물어보고,
그분들이 그걸 감수하는 이유를 담고자 해요.

직접 취재하면서 '헐 진짜'라고 생각했던 적을 소개해줄 수

있나요?

조: 《브로드컬리》 2호 '서울의 3년 이하 서점들: 책 팔아서 먹고살 수 있느냐고 묻는다면?' 중에는 제주도를 좋아하는 서점 운영자 이야기가 있어요. 제주도 여행책도 물론 좋지만, 있는 그대로의 제주를 공부할 것을 권하면서 제주어 사전 한 권을 추천하는데요. 알고 보니 정가에 매입해서 정가에 판매하는 책이었어요. 출판사는 직거래를 해주지 않고, 거의 판매가 없는 책이라 도매상에서도 공급률이 100%랍니다. 근데 그걸 평대에 깔아놓고 열심히 소개하는 모습을 보고, '헐 이게 진짜란 말인가?'라는 생각이 들 수밖에 없었어요. 그리고 4호 '제주의 3년 이하 이주민의 가게들: 원했던 삶의 방식을 일궜는가?'에는 방송 작가를 관두고, 평소 하고 싶던 빵 가게를 연 사장님이 등장해요. 거의 매일 빵이 다 팔릴 정도로 인기 있는 곳이었는데, 알고 보니 한 달 수익이 1백만 원 내외라고 하더라고요. 자기 빵 원가를 모른답니다. 알고 나면 넣고 싶은 재료를 못 넣을까 봐 일부러 값을 알아보지 않는대요. 보통 빵집에서 원가를 30%쯤 잡지 않느냐고 물었더니, 70%가 아니고 30%가 평균이냐고 놀라면서 반대로 물어오는 모습에, '헐 여기 빵은 내가 다 사야겠다'라는 생각이 들 수밖에 없었습니다.

취재한 가게들은 서비스나 제품의 질이 높은 편이던가요?
아니면 잘하지는 못하지만 열심히 하는 편이던가요?
모두가 잘하면 좋겠지만요.

조: 서비스나 제품의 질을 맛에 비유하자면, 일단 맛이
없으면 취재를 안 하죠. 독자들이 책을 읽고 가볼 수도
있잖아요. 그렇다고 가장 맛있는 집을 찾는 건 절대
아니에요. 예를 들어 제주도 이주민의 가게를 찾는다고
하면, 전문가에게 제주의 가장 핫한 카페를 물어보고
섭외하는 게 훨씬 빠르겠죠. 그런데 《브로드컬리》의
기획은 그렇지 않아요. 4호의 경우, 무엇보다 원했던
삶의 방식을 일궜는지 이야기를 나눌 수 있는 가게
운영자를 찾아야 했어요. 제일 잘하고 있는 가게지만
그런 이야기가 없을 수도 있으니까요. 그래서 일단
가보고, 관찰하면서 정성적 판단을 내릴 수밖에 없는
거죠. 그 안에는 물론 맛도 있고, 노력하는 모습도 있겠죠.
생각보다 설렁설렁 운영하시는 분들도 많아요. 역시 그
나름의 이유가 있죠.

이: 맛이 없으면 안 돼요. 만약 맛이 없으면 이 모든
좋은 이야기가 결과적으로 나쁘게 보일 수도 있잖아요.
그러니까 기본적으로 맛이 없으면 안 되지만, 단순히
맛 때문에 섭외하는 것도 아닌 거죠. 말하고 보니 너무

까다로운 조건 같네요. (웃음)

두 분의 미식 취향이 궁금해지네요.

조: 저는 맛을 보러 다니는 건 아니고요, 그분들의
삶을 보는 시간이 좋아서 가게에 가요. 여전히
자기만의 공간을 운영하는 분들을 동경하거든요.
가게라는 공간을 통해 내가 이 세상의 작은 부분을
바꾼 거잖아요. 공간의 인테리어를 고민하고 뭔가를
파는 등, 한 사람이 노력해서 그 작은 공간을 점유하고
새로운 경험을 제공하는 것 자체가 멋있어요.
극단적으로는 맛이 별로 없었지만 좋은 경험을 한
적도 있어요.

이: 그런 경험이 있었어요?

조: 카페가 없을 것 같은 곳에 카페가 있다거나,
맛이 없어도 거기에 앉아서 쉬는 시간이 즐거울
수 있잖아요. 유동인구가 적은 장소인데, 쉼터를
제공하는 것만으로도 고마운 감정이 들죠. 성수동에
가면 오래된 슈퍼마켓이 아직 남아 있는데, 비닐 처마
아래 커피 마시며 쉴 수 있도록 자리를 마련해놓은
곳이 있어요. 그런 곳을 발견하면 기뻐요. 거기서

파는 500원짜리 믹스 커피가 대단한 음료는 아니지만 그저 앉아서 쉬는 시간이 아름답고 좋더군요. 그 가게의 주인이 아니라면 제공할 수 없는 경험이니까요.

만약 《브로드컬리》만의 공간을 만들 수 있는 기회가 생긴다면 그곳은 무엇으로 채우고 싶은가요?

이: 그동안 인터뷰했던 분들의 전문 분야를 살려서 강좌를 열 것 같아요. 서점을 3년 동안 운영하고 문을 닫은 사장이라면, 문을 닫기까지의 경험과 서점을 운영하면서 힘들었던 점을 창업을 준비하는 사람에게 알려줄 수도 있잖아요. 개인적인 컨설팅이 될 수 있겠죠?

조: 앞서 말한 것처럼 가게를 열고 싶은 사람을 위한 오프라인 행사도 있겠지만, 저는 소비자에게도 가게 안에서 벌어지는 일을 알려주고 싶어요. 가게와 가장 밀접하게 관계 맺는 사람들은 소비자인데, 정작 그들은 가게가 어떻게 돌아가는지 잘 모르잖아요. 그래서 돈을 쓰면서도 공간을 제대로 즐기기 어려운 것 같아요. 커피를 예로 들어볼게요. 해마다 '커피 한 잔의 원가는 150원인데, 카페에서 파는 가격은 5천 원이다'라는 식의 기사가 실리는데요. 그렇게 생각하고 커피를 마시면, 내가 힘들게 번 돈인데 아깝잖아요. 실제로는 매장

임차료, 인건비, 각종 세금 등의 고정비용과 카페 집기, 인테리어, 기계 장비 비용이 감가상각되어 있어서 원가가 훨씬 높을 거예요. 이처럼 내가 5천 원을 내는 이유를 종합적으로 알고 있다면 같은 돈을 쓰더라도 훨씬 보람 있고 서로에게 좋을 것 같아요.

나머지 4850원에 무엇이 들어 있는지 시각화할 수도 있겠네요. 며칠 전에 본 신발 브랜드가 떠오르는데요. 가격 옆에 생산비, 운영비, 임금, 마진, 유통 수수료 등 상세 정보를 공개하니 충분히 돈을 낼 기분이 들더라고요.

조: 맞아요. 저는 그동안 신발이 비싸다고 생각했어요. 돈이 아깝게 느껴지면 불행하잖아요.

이: 7500원짜리 커피를 보면 '이게 내 인생의 한 시간이야?' 하는 생각이 가끔씩 들어요. 요즘은 최저 임금이 8천 원을 넘지만요.

《브로드컬리》 5호, '서울의 3년 이하
퇴사자의 가게들: 하고 싶은 일 해서
행복하냐 묻는다면?' — 머스타드 김도엽
대표 인터뷰 중, p.153

Q.
카페 오픈에 비용이 얼마 정도
필요했나?

A.
건물 보증금 1천만 원, 인테리어
공사비 3백만 원, 에스프레소 머신
4백만 원 중반대, 그라인더 1백만
원 중반대, 제빙기 1백만 원 중반대,
바 설치 비용 1백만 원. 다 합쳐서
2천만 원 조금 넘게 들어갔다.
개업할 당시에 통장에 한 3백만
원쯤 남아 있었다. 재료비나 월세
등을 고려하면, 딱 두 달 쓸 수 있는
돈이었다.

잡지 개편 후 매출이 스무 배 증가하다

두 분은 실패한 적이 있나요?

이: 1년에 한 번 있는 졸업자격시험에 떨어져서 재수한
적이 있어요. 학교 다니면서 교환학생도 가고, 부전공도
했는데 졸업 재수까지 하는 바람에 6년을 다녔습니다.
죽는 건 두려웠고, '난자로 돌아가고 싶다'는 생각까지
했어요. (웃음) 결국 시험은 통과했지만, 극복했다기보단
그냥 버텨서 어떻게든 넘긴 것 같아요. 그래도 누군가와
함께 있으면 상황을 버티는 일이 수월하다는 걸 알게
되었다는 점에서 도움이 되었어요. 단, 대학으로 절대
돌아가고 싶지는 않습니다.

조: 저는 잡지를 계속 만들고 있기 때문에 실패가 아닌 거지, 한편으로는 지금 상황을 실패라고 말할 수 있기도 해요. 인쇄할 때마다 어떤 창구로든 돈을 빌려야 하거든요. 3년째 이 일을 하는데 여전히 인쇄비를 걱정하고 있네요. 요즘은 그나마 나아졌지만, 진짜 실패라고 생각할 수 있는 시기가 있었어요. 《브로드컬리》의 네 번째 책을 내기 직전인데요. 그때 월 매출이 29만 원이었고 실제로 남는 돈은 10만 원이 안되었죠. 그 상황에서 저는 사실상 실패라고 생각했어요.

스트레스가 컸겠어요.

조: 하고 싶은 일이었고 최선을 다했거든요. 회사를 그만두고 야심 차게 준비해서 2년 넘게 잡지를 만들었는데, 그게 29만 원의 월 매출로 돌아오니까 자괴감이 들고 하기 싫어지더라고요. 그래서 네 번째 책을 인쇄할 때 일부러 더 무리해서 기존의 책 세 권도 모두 리뉴얼했어요. 인쇄 분량도 1000~1500부씩 하던 걸 2000부씩, 총 8000부를 한 번에 인쇄했어요. '이번에 안되면 깨끗하게 그만두자.' 큰돈을 한 번에 썼기 때문에 감당이 안되잖아요. 어쩔 수 없이 취업을 하게끔 그 상황 안에 저를 몰아넣었어요.

이지현 디자이너는 계속 월급을 받고 있었죠?

이: 그때도 편집장이 제게 인쇄비를 빌렸어요. 전 《브로드컬리》의 금융을 맡고 있습니다. (웃음)

조: 실패라고 생각했기 때문에 그만두기 위해 8000부를 마지막으로 찍었거든요. 그런데 그 책들이 다 팔렸어요. 불행인지 다행인지 지금도 하고 있고요.

그럼 대외적으로 성공을 거둔 게 네 번째 책부터였나요?

이: 리뉴얼 후인 것 같아요.

조: 처음으로 디자인에서 손을 뗐어요. 그전까지는 '잡스병' 때문에 처음부터 끝까지, 발행인의 손길이 닿아야 한다고 생각했거든요. 디자이너에게 전권을 주고 판형을 바꾸는 등 리뉴얼을 진행했어요. 그랬더니 매출이 20배 오르더군요.

이: 사진작가도 많이 고생했어요. 첫 책을 만들면서 빵집 사진을 찍어야 하는데, 편집장이 방향을 매우 추상적으로 제시했어요. 셰프의 장인 정신을 담되, 현실에 대한 고뇌가 함께 느껴지도록 찍어달라는 등. 어떤 사진이

들어갈지 몰라서 6시간 동안 계속 찍었으니, 양이 얼마나 많았겠어요? 방향을 모르겠으니 손도 찍고 발도 찍고… 나중에는 사진작가에게 온전히 맡기니까 결과물이 훨씬 좋아졌어요.

모두에게 배운다

일을 하는 데 영향을 준 인생 선배가 있는지 궁금한데요.
'구루'라고 부를 만한 사람이 있을까요?

이: 가장 많이 영향을 받은 사람은 직장 상사, 그리고
편집장이자 배우자예요. 상사가 대학교 겸임교수라서
학생 때부터 수업을 듣곤 했는데, 작업자로서 배울 점이
많았거든요. 그분에게 더 배우고 싶어서 현재 다니는
회사에도 지원했어요. 졸업하고 지원한 유일한 곳이었죠.
초반에는 크리에이터, 디자이너로서 아는 게 많지 않을
때인데 그분이 자세히 잘 설명해줬어요. 한번은 실물
제품을 개발한 적이 있는데요. 실패하면 그만큼 비용이
발생하잖아요. 그런데 제가 실수할 걸 알면서도 그럴 수

있는 환경과 시간을 줬어요. 그때는 이해가 안 되었는데, 반년 정도 지나면서 조언을 이해하게 된 계기가 몇 번 있었어요. 한편 제가 직장에서 새로운 생각을 들고 오면 남편은 또 다른 이야기를 해요. 제가 보기엔 둘 다 말이 되고요. 주위에 다른 의견을 가진 사람이 많은 게 도움이 되더라고요.

조: 고맙소.

이: 한편 제가 《브로드컬리》를 디자인할 때 상사는 망할 것 같다고 했어요. 그런데 안 망했잖아요. (웃음) 통찰이 있는 사람의 예상도 항상 맞지는 않는다는 게 또 흥미롭습니다.

조: 저는 항상 되는 방향으로 생각하거든요. 안 되는 이유야 많겠지만, 되는 이유도 있잖아요.

조퇴계 편집장에게도 스승이나 구루가 있나요?

조: 저는 딱히 없는 것 같아요. 가치관이 계속 바뀌거든요. 원래 명언을 정리해놓는 엑셀 파일이 있었어요. 목록이 1천 개가 넘었는데 상황에 따라 생각이 달라지기 때문에 다시 읽어보면 더는 와닿지 않을 때도 있어요. 가능하면

《브로드컬리》 5호, '서울의 3년 이하
퇴사자의 가게들: 하고 싶은 일 해서
행복하냐 묻는다면?' — 르페셰미농
김희정 대표 인터뷰 중, p.311

Q.
미디어가 퇴사를 조명하는
방식에 대한 생각은?

A.
퇴사해서 잘된 케이스를 다룰
때, 부디 조심해주길 바란다.
퇴사를 놓고 고민 중인 이를
두고, 허황된 환상으로 관심을
끄는 건 너무 무책임한 처사
같다. 퇴사했다고 다 같은
사람이 아니다. 퇴사를 선택한
수많은 개인, 개인일 뿐이다.
퇴사했기 때문에 잘되는 게
아니고, 잘될 만한 사람이
잘되는 거 아니겠나?

열린 마음으로 모두에게 계속 배우려고 하죠. 가게를 운영하는 분들에게도 크게 배웠어요. 저는 그동안 스스로 무슨 일을 하는 사람인지가 중요했거든요. 애널리스트든 잡지 발행인이든 그런 기준이 인생의 큰 과업이라 생각했어요. 그런데 그분들과 대화를 나누다 보니 생각이 바뀌었어요. 사람이 만족하고, 행복을 느끼는 데는 일 말고도 필요한 요소가 많다는 걸 알려줬어요. 그분들은 스스로 하고 싶은 일을 선택해서 하는 사람들임에도 그 외 부차적으로 따라오는 여러 비용들 때문에 괴로울 수도 있겠죠. 즐거움의 이유가 일에만 있지 않을 수도 있어요. 금전적 성과나 가족의 응원 등 삶에는 다양한 요소가 있으니까요. 사장님들 덕에 그걸 깨달았어요. 꼭 행복해야만 할 것 같았는데, 아닌 경우도 있더라고요. (웃음)

그래서 이번 책의 부제가 '하고 싶은 일 해서 행복하냐 묻는다면?'이었죠. 줄여서 '사표 쓰면 행복한가?'

조: 두 가지 질문이 섞여 있어요. 퇴사자의 가게라면 하고 싶은 일을 한다는 걸 전제로 하잖아요. 우선 그 전제를 다시 물어야죠. 하고 싶은 일을 바꿔 말하면 이전에 안 해본 일이잖아요. 그걸 실제로 해보니, 내가 정말 하고 싶은 일이었는지 따져볼 필요가 있고요. 만일 그렇다고

하더라도 그 일을 했을 때 행복하냐 그렇지 않으냐는 별개의 문제라고 생각해요. 무슨 공식처럼 '퇴사하고 자기 하고 싶은 일 하면 행복하다'가 아니라 각 단계마다 거기에 맞는 노력이 필요하다는 걸 말하고 싶어요.

질문 자체가 입체적이네요. 답은 책에서 접할 수 있겠죠?

조: 책을 계속 만들고 있지만, 답은 없는 것 같아요. 대개 일곱 명 내외의 인터뷰이를 만나는데, 각자의 배경과 상황에 따라 의사 결정을 내리는 과정이 다르거든요. 그런 상황을 종합적으로 고려해서 나에게 맞는 답을 찾아야 하잖아요. 그 근거가 되고, 사고 과정에 도움이 될 만한 정보를 주는 게 중요해요. 가령 내가 퇴사를 결심한다면, 어디서부터 어디까지 고민해야 하는지 잘 모를 수 있잖아요. 막상 닥치면 월급뿐 아니라 주요하게 다가오는 요소들이 많을 텐데요. 다양한 고려 요소를 알려주는 것만으로도 본인 스스로 답을 구하는 데 큰 도움이 되겠죠. 답을 주는 책이 아니라 판단의 근거가 되는 정보를 담은 책이면 좋겠습니다.

일과 삶의 원칙이라 부를 만한 것이 있나요?

조: 제가 원하는 건 '하고 싶은 일을 하는 삶'이에요.

그래서 하고 싶은 일이 있으면 일단 하는 게 원칙입니다. 앞서 말씀드렸듯 의사 결정을 할 때 가급적 되는 방향으로 접근해요. 제가 하고 싶은 일을 하는 게 경제적으로든 다른 측면으로든 저에게 유리한 판단이라고 생각하기 때문이에요. 만약 하고 싶은 일이 있는데 돈이 안 된다면, 돈이 되도록 해야죠. (웃음)

그럼 문제가 해결되나요?

조: 큰 거를 취하고 나머지를 메꾸는 거죠. 뭔가 열심히 하면 가치가 발생하기 마련이고, 결국 그 효용을 어떻게 포장해서 사람들에게 제공하느냐의 문제인데, 돈이 안되니까 하지 말라는 건 매우 불리한 판단인 것 같아요. 돈이 될 수도 있잖아요? 되도록이면 되는 방향, 하고 싶은 일이 있다면 하는 방향으로 고민하는 게 유리하다고 생각해요. 단순히 '한 번 사는 인생이니까 마음대로 살자'가 아니에요. 한 개인에게 유리하거나 불리한 선택이 있다면 결국 유리한 쪽으로 가는 게 자연스럽겠죠. «브로드컬리»를 만들면서 다 좋았거든요. 어떻게 사장님들을 만나 다섯 시간 동안 긴 이야기를 나누겠어요. 인터뷰 편집도 집에서 고양이들과 하면 되고요. 단, 돈이 잘 안될 수 있다는 사실이 문제인데요. 이 문제만 해결하면 된다고 봤어요. 이 부분은 여전히

노력하고 있고, 사람들의 도움도 많이 받고 있어요.
조금씩 해결 중입니다.

이: 저도 비슷한 맥락이에요. '남에게 피해를 주지 않는
선에서 하고 싶은 걸 다 하자'. 살짝 틀어 보면 매우
이기적으로 보일 수 있기도 하죠. 내가 하고 싶은 일을
하는 과정에서 보이지 않게 주위에 부담을 줄 수도
있으니까요.

비슷한 궁금증을 가진 사람이 있을 거라는
전제로 책을 만든다

《브로드컬리》 편집부는 어떤 방식으로 돌아가나요?

조: 처음에는 제가 원하는 방향으로 팀원들을 계속
설득했어요. 역시 '잡스병'이었습니다. 한편 3호를 만들
때까지 매출은 별 의미가 없는 수준이었어요. 그래서
2017년 11~12월쯤 네 번째 책을 만들 때 디자이너에게
"당신이 원하는 디자인"을 이 책에 입혀달라고 했어요.
사진작가에게도 마찬가지로 "당신이 보기에 우리 책에
어울릴 만한 사진"을 찍어달라고만 부탁했어요. 그렇게
했더니 책이 제대로 나오더라고요.

이: 거짓말처럼요. 한편 팀원 간의 균형도 좋은 것

같아요. 다섯 명 모두 의욕이 넘쳤다면 도리어 일을 그르칠 수도 있었겠죠. 그런데 우리는 한 명이 자신의 인생을 걸고 일하고 있고, 모두 그걸 인지한 상태에서 각자 본업과 병행하고 있어요. 어쩌다 보니 팀의 성장을 지켜봐줄 수 있는 여유가 있으면서도, 일할 때 허투루 하기 어려운 구조예요. 또한 과거에 비해 일에 대한 대가가 공평하게 분배되고 있어요. 그동안 믿고 지켜봐준 걸 생각하면 여전히 부족하지만요. 마지막으로 다들 성격도 좋고, 자기 생각을 분명하게 표현하는 사람들이라 의사소통에서 낭비하는 에너지가 적고요. 아마 편집장이나 저 같은 사람으로만 구성되어 있었다면 한참 전에 팀이 깨지지 않았을까 생각합니다.

좋은 팀원을 만나는 것도 복입니다.

조: 제가 같이 일하고 싶은 사람을 모아 그 사람이 하고 싶은 일을 할 수 있도록 하는 게 최고더군요. 그게 말은 쉬운데 팀원들에게 믿고 맡기는 게 어려웠어요. 제 돈을 들여서 인쇄하기 때문에 안 팔리면… (웃음) 월 매출 29만 원의 충격 덕분이라고 생각해요.

이: 맞아요. 자신을 다시 점검하는 데 매출이 큰 영향을 줬어요. 편집장이 어릴 적부터 공부를 잘한 편이었어요.

늘 최선을 다했고, 그 이상의 결과물이 나왔죠. 그런데 《브로드컬리》는 100만큼 투입했는데 처음으로 100이 나오지 않는 경험이었던 거죠.

조: 얼마나 적극적으로 다른 사람들에게 도움을 청해야 하는지 그때 깨달았어요. 그동안 '도움받으면 감사한 거다'라는 생각이었다면 이제는 '도움받지 못하면 죽는다'로 생각이 바뀌었거든요. (웃음) 도움은 선택이 아니라 반드시 받아야 하는 거고, 도움받을 만한 사람이 되어야겠죠.

큰 변화네요. 시간, 돈, 체력은 어떻게 관리하나요?

조: 시간을 따로 관리하지는 않아요. 눈 뜨면서부터 잘 때까지 일하기 때문이죠. 잠도 많이 자요. 잠을 줄이는 건 좋지 않다고 생각합니다. 하루 안 자는 걸로 해결되는 일이면 몰라도, 이틀 이상은 안 줄이는 게 현명한 것 같습니다. 운동도 하루에 20~30분 꾸준히 하고요.

이: 하루에 7시간 이하로 잔 적이 살면서 손에 꼽는대요. 잠은 잘 자는 것 같아요.

이지현 디자이너는 본업이 있고 《브로드컬리》 일도 병행해야 할 텐데요.

> 이: 회사가 늘 5시에 끝나요. 워낙 에너지가 많은
> 편이라 편집장과 마찬가지로 9시에 일어나서 10시까지
> 출근하고, 퇴근하면 집에 와서 밥 먹고 새벽 1시까지
> 개인 작업을 하고, 2시까지 놀다가 자는 패턴을 반복하고
> 있어요. 지금 생활 패턴이 몸에 잘 맞아요.

취업 준비생이나 에디터라는 직업을 고려 중인 사람들에게
들려주고 싶은 말이 있을까요?

> 이: 학생 때 경험을 기반으로 말하자면, 어떤 상황에서든
> 일하기 전에 서로 조건을 분명히 정해서 메일 또는
> 문서로 기록하는 게 중요해요. 계약서는 꼭 쓰시고요.
> 일의 범위를 서로 다르게 생각하면 모두가 힘들거든요.
> 또 단가를 과하게 깎는 사람과는 일하지 않는 게 좋다고
> 생각합니다. 물론 자신이 책정하는 나의 가치와 상대방이
> 생각하는 나의 가치가 다를 수 있는데요. 그 범위를 넘어
> 가치를 너무 낮게 책정한다면, 그 프로젝트를 시작하지
> 않는 걸 진지하게 고려해볼 필요가 있어요. 첫 단계에서
> 문제가 발생하면 다음 단계에서도 문제가 지속적으로
> 터질 가능성이 있거든요. 돈 이야기는 확실하게 해야
> 합니다. 대가와 업무 범위, 일의 방식과 시간 등을

구체적으로 논의하지 않으면 결국 슬픔은 작업자의 몫이 됩니다.

조퇴계 편집장의 생각은 어떤가요? 에디터 출신은 아니지만 벌써 다섯 번째 책의 출간을 앞두고 있습니다.

조: 에디터로서 직장 생활을 해본 것은 아니지만 책을 만들어야겠다고 생각한 계기가 있어요. 제가 원하는 내용의 책이 시중에 없었어요. 가게 뒤편의 돌아가는 이야기를 담은 책이요. 그런데 취재를 하다 보니 그런 책이 나오지 않은 이유가 있더라고요. 그런 이야기를 원하는 시장이 크지 않고, 누군가 '이 책의 대상 독자가 누구냐'고 물었을 때 항상 명확하지 않았어요. 그래도 저와 비슷한 궁금증을 가진 사람이 있을 거라는 전제로 책을 만들고 있어요. 누군가 스스로 궁금한 걸 취재해서 책을 만든다면 독자로서 더 즐거울 것 같아요. 저와 비슷한 생각을 하는 사람들이 조금 더 있으면 좋겠고요. 그리고 지금까지 해본 바로는, 대상 독자를 설정하지 않고 취재를 시작하는 접근 방식도 고려할 만해요. 내가 진짜 궁금한 걸 취재하는 거죠. 남이 궁금해할 것 같은 것 말고요. 궁금한 걸 취재하면 그 과정이 정말 재미있거든요.

조퇴계는 «브로드컬리»의 발행과 편집을 담당한다.

—

1987년 전남 광주 태생으로, 2005년 포항공대 산업경영공학과에 입학해 2014년 수석 졸업했다.

—

2011년 베인앤드컴퍼니 (Bain & Company), 2012년 스톤브릿지캐피탈에서 RA, 인턴으로 활동했고, 2014년부터는 미래에셋증권 리서치센터에서 일했다.

—

기업 분석에서 로컬 숍으로 시야를 돌려 퇴사 후 2016년 로컬 숍 연구 잡지 «브로드컬리»를 창간했다.

—

instagram
@broadcally_mag

이지현은 «브로드컬리»의 디자인을 담당한다.

—

1990년 서울 태생으로, 2009년 한예종 미술원 디자인과에 입학해 2015년 졸업했다.

—

2012년은 뉴욕 프랫 인스티튜트(Pratt Institute)에서 공부했다.

—

2015년 퀸텟크리에이티브 (quintet creative) 디자이너로 입사했으며, 2019년부터 네덜란드에 있는 금종각에서 대표 디자이너로 일하고 있다.

—

그래픽 디자인과 크라우드 펀딩 컨설팅이 주 분야다.

—

instagram
@golden.bell.temple

남이 궁금해할 것 같은 거 대신, 내가 궁금한 걸 취재하세요

조퇴계
Toikye Cho

이지현
Jeehyun L

"

(조퇴계) 홍윤주가 지은 《진짜공간: 건축가 홍윤주의 생활 건축 탐사 프로젝트》를 추천해요. '편집'이라는 노동을 통해 세상에 어떤 기여를 할 수 있을지, 고민과 힌트를 동시에 던져준 책이에요. 건축에 일절 관심 없는 사람이 읽어도 일단 재미있습니다. 건축 책을 웃으면서 읽을 줄은 몰랐어요. 펼치면 끝까지 읽게 됩니다.

"

240번의 마감이 만든 근육
황선우, 작가

2019년 2월 말 «여자 둘이 살고 있습니다»라는 책을 냈다. 광고 회사 카피라이터 출신인 친구, 그리고 패션 매거진 에디터였던 내가 40대에 들어서 공동명의로 집을 사고 같이 살면서 생긴 여러 사건과 생각에 대해 함께 쓴 책이다. 예상하지 못하게 다양한 사람에게서 책 잘 읽었다는 인사를 들을 때, 내가 일하면서 접한 잡지 독자의 정체성이 얼마나 좁고 뾰족했는지 깨닫는다. 불특정 다수의 독자를 상대로 단행본을 내고 콘텐츠를 알리는 경험이 전국체전이라면 패션 매거진 독자는 대략 청담동에서 한남동까지의 지역 리그에 속해 있었다. 약간 다른 마음가짐으로 경험의 재료를 다듬고 사용할 단어와 문체를 고르게 된다. 단행본을 준비하면서 또 이런 말도 들었다.

"최악의 필자는 신문 기자래. 어제 원고를 넘기고서 오늘 바로 결과물을 보고 싶어 하니까." 나야말로 조바심을 내던 참이었다. 원고 작성을 마친 다음 본문 디자인과 교정 교열, 표지 디자인, 인쇄와 제본까지 의외로 많은 시간을 기다려야 했기 때문이다. 잡지의 세계에서는 그 모든 일들이 지나치게 신속했다. 속도가 빨랐고, 밀도는 높았다. 업무 강도, 스트레스, 재미와 보람, 매력적인 사람들, 갖고 싶은 물건, 그 모든 것의 밀도가. 1999년부터 2018년까지 20년 동안 대략 240권의 잡지를 만들면서 (그사이 1년 남짓은 영화 주간지에서 일했으니 실은 몇 권 더 될 것이다) 내 몸에 밴 월간지의 리듬은 첫 단행본을 낸 지 채 한 달도 되지 않아 뭔가 다음 단계로 움직이라며 생체시계를 똑딱거렸다. 서점에 이 달 책이 깔리기 전에 이미 다음 달 기획회의를 하고 취재에 들어가 있던, 잡지 세계의 호흡을 재촉했다.

두 달쯤 지난 이후부터는 조금 제정신을 되찾아 책이 일으키는 파장의 양상을 흥미롭게 지켜보는 중이다. 이를테면 이런 일이 새롭다. 많은 사람들이 스토리 콘텐츠 플랫폼인 카카오페이지(kakaopage) 앱에서 책에 묶인 글 한 꼭지씩을 따로 구매해 휴대폰으로 읽는다는 사실을 배웠으며(조회수 10만을 넘었다), 신문 잡지 인터뷰 외에 네이버 브이 라이브(V LIVE)에 출연해서 생방송 저자 토크를 했다(좋아요 15만 개를 넘겼다). 매체

외에도 인스타그램 인플루언서와 유튜브 북튜버들의 영상이 중요한 리뷰 채널이다. 인류 역사상 정보를 전달하는 가장 오래된 양식일 종이책을 둘러싼 환경이 이렇게나 달라졌다. 공동 저자인 친구가 일해온 광고 업계, 그리고 내가 일해온 잡지 업계의 변화에 대해 우리가 공통적으로 이야기했던 바대로 이 모바일 시대에 지면은 액정으로 이동하며, 영향력은 팔로워와 조회수로 파악된다. 내가 가장 오래 일한 잡지인 《더블유 코리아(W Korea)》를 그만둔 지난해 3월 이전에도 매체의 수익은 이미 디지털 부문에서 안정적으로 나오고 있었다. 지면 잡지를 유지하기 위해서는 역설적으로 온라인 기반이 탄탄해야 한다. 모바일의 번영이 종이 잡지의 존재를 위협하는 것 같지만 국면이 그렇게 단순하지만은 않다. SNS로 미디어를 소비하는 패턴은 매력적인 뉴스와 콘텐츠를 타임라인에 뿌릴 수 있는 패션 매거진들에게 새로운 기회이기도 하다. 지면 광고가 줄었다고는 해도 광고주인 브랜드들은 패션 화보의 감도를 가진 동영상을 제작해서 매체의 채널을 통해 확산하고 싶어 한다.

잡지가 사양산업이라는 폄훼 혹은 자조가 2010년대 들어서 스마트폰 혁명과 함께 갑자기 시작된 일은 아니다. 내가 잡지사 공채 시험을 보던 1998년부터, 그리고 일을 하는 내내 잡지는 사양산업을 벗어났던 적이 한 번도 없다. 이번에 어느 매체가 접었다더라, 어느 선배가 업계를 떠났다더라 하는 소식을 전하는 동료들에게 나는 말하곤 했다. "우리는 ‹타이타닉›의 오케스트라 같은 존재야. 가라앉을 때 가라앉더라도 끝까지 좋은 연주를 하자." 씁쓸한 농담을 던지면서도 이 일을 그만두는 건 계획에 없었다. 한번 앨범을 낸 가수는 언제까지나 가수지만, 한 달이라도 매체를 떠나 있다면 내가 에디터일 수 있을까? 만약에 에디터가 아니라면, 에디터로서 경험과 역량을 가지고 어떤 일을 할 수 있을까?

잡지의 전성기라는 게 만일 있었다면 이를 누린 건 에디터 시절보다 독자로서였다. 95학번인 내가 고등학교 때부터 대학을 다닐 동안 한국에서는 다양한 매체가 창간되고 성장했다. 《페이퍼》와 《인서울매거진》 같이 색깔 뚜렷한 문화 무가지들은 자신들을 추종하는 독자 집단을 갖고 있었다. 스톰(292513=STORM)처럼 신선한 브랜드 붐과 함께 로컬 패션지 《쎄씨》가 창간되어 배두나, 전지현, 김민희, 공효진, 이나영 같은 새 세대의 얼굴을 조명했다. 한국 영화 산업의 성장과 더불어 영화 잡지 《키노》, 《씨네21》이 출발하고, 《엘르》와 《마리끌레르》, 《보그》 같은 라이선스 패션 잡지들이 한국에 도입된 것도 이 시기다. 들여다볼 휴대폰이 없던 시절에는 가장 흥미진진한 볼거리 중 하나가 잡지였고, 나는 그 속의 글래머러스한 세계에 매혹되었다. 멋있는 사진이나 재미있는 글은 각기 따로도 있었지만 그 둘을 아울러 디자인이라는 요소로 결합하는 마법은 잡지가 가장 잘하는 일이었다. SNS의 타임라인에 흩뿌려져 재구성되는 이미지와 다르게, 실제로 손에 잡히는 종이 잡지는 배치(layout)와 페이지 매기기(pagination)의 위엄이 있다. 잡지를 싫어하는 사람에게는 많은 광고 지면이 흠이 되지만 나 같은 사람에게는 광고조차 흥미진진한 볼거리였다. 힘 있는 브랜드들이 잘나가는 모델과 뛰어난 스태프를 고용하고 대규모 자본을 투입해서 만들어낸 높은 수준의 이미지가 바로 광고였으니까. 유행이란 단지 잡지에서 다루는 주제에 그치지 않았다. 등장하는 인물, 사람들이 입고 있는 옷의 스타일링과 헤어 메이크업, 사용하는 타이포그래피와 기사에서 사용하는 표현들까지 모두 트렌드 그 자체였다. 잡지의 지면은 나에게, 그 시대를 담는 가장 화려한 다큐멘터리였다.

한편 내가 입사한 1999년은 디지털 시스템이 적용되기 직전이었다. 당시 중앙 M&B(현 JTBC PLUS)의 《여성중앙》, 《쎄씨》, 《키키》, 《라벨르》 같은 매체들을 돌면서 인턴으로 일을 익혔다. '도비라(とびら)[1] 페이지', '누끼[2] 촬영' 등을 회사에서 배웠

1
일본어로 문짝 또는 책의 속표지, 잡지의 첫 페이지를 의미한다.

2
불필요한 배경을 제거하여 특정 피사체만 인쇄하는 것. 각종 인쇄 매체 현장에서 사용되는 일본 속어.

240번의 마감이 만든 근육

다고 하자 친구는 물었다. "잡지사는 일본어를 많이 쓰는구나. 그럼 편집장을 오야붕이라고 불러?" 필름 카메라로 촬영할 때는 폴라로이드로 시험 촬영을 했고, 하루에 몇 번씩 인하우스 스튜디오와 충무로 현상소 사이를 퀵이 오갔다. 밀착 인화 데이터[3]를 웹하드[4]에서 내려받는 대신 슬라이드를 라이트박스 위에 펼쳐놓고 루페(lupe, 작업용 확대경)로 들여다보며 사진 '셀렉'(선정)을 했다는 에피소드를 1990년대에 태어난 후배에게 들려주면, 구석기인이 뗀석기로 짐승 가죽을 벗겨냈다는 일화라도 듣는 표정을 짓곤 했다(2010년대에 태어난 이들은 종이로 잡지를 읽는 일에 비슷한 반응을 보일지도 모르겠다). 잡지의 제작 절차뿐 아니라 에디터로서의 업무도 디지털 이전과 이후가 확연히 달랐다. 믿기 어렵지만 행사를 다닐 때마다 바로 인스타그램이나 페이스북 계정에 포스팅을 할 일도, 웹 기사를 따로 기획하고 작성할 일도 없던 호시절이 있었다. 일할 때와 쉴 때를 분리할 수 있었던 여유는 아날로그 시대의 추억

3
현상된 필름과 같은 크기로 인화한 데이터. 사진의 네거티브(사진 촬영에서 얻어지는 명암이 시각과 거꾸로 된 화상)와 인화지를 밀착시켜 노출 후 현상처리한다.

4
여러 사람과 파일을 공유할 수 있는 인터넷 파일 관리 서비스. 일정 용량의 저장 공간을 확보해 문서나 파일을 저장·열람·편집할 수 있다.

이 되고, 요즘 잡지에서 디지털 업무를 맡은 에디터들은 만성적인 목 디스크와 손목터널증후군에 시달린다.

"어떻게 한 가지 일을 그렇게 오래 할 수 있었어요?" 퇴사라는 키워드가 유행어처럼 자주 언급되던 즈음에 자주 받은 질문이다. 지구력보다는 순발력이나 집중력이 강하고, 꾸준히 한 가지를 지속하기보다 관심사가 자주 변하는 사람치고 한 회사를 오래 다닌 건 맞다. 한 가지 일을 그렇게 오래 할 수 있었던 건 그게 단지 한 가지 일만은 아니었기 때문이다. 매달 새로운 아이템, 새로운 취재원, 새로운 스태프들이 있었고 그들과 함께 완성해야 하는 새로운 프로젝트가 있었다. 논쟁적인 아티스트가 모이는 베니스 비엔날레부터 시립 교향악단의 연습실, 보르도 생떼밀리옹에 있는 와이너리와 몰디브의 리조트, 고양이를 여러 마리 키우는 유명인의 집까지, 개인 자격으로서는 가기 힘든 장소에 갔다. 김연아부터 이우환까지, 매체 소속이 아니었다면 만나기 힘들었을 사람의 이야기를 들었다. 그렇게 매달을 새로이 채웠는데 쌓아놓고 보니 여러 권의 잡지로 연결되어 있을 뿐이었다. 얼마나 고생스럽든 간에 마감은 끝이 나고, 끝내고 나면 결과물이 손안에 들어온다는 점은 사람을 계속 앞으로 나아가게 했다. 만족스러운 달이 있다면 아쉬움이 남는 달도 있지만 언제나 뭔가 새로 배웠다. 인간관계는 더 넓어졌다. 그러고 나면 다시 몰입할 수 있는 새로운 한 달이 주어졌다. 긴장과 이완, 마감과 대휴(대체휴가), 압력과 휴식의 단순한 반복이 꾸준한 웨이트 트레이닝처럼 작용해서 일하는 사람의 근육을 단련시켰다. 일에 익숙해지며 단련된 또 다른 부위는 거절당하는 근육이다. 섭외는 보통 안 되는 게 기본이다. 기합을 모아 효율적으로 설득해보고, 거절당하고, 또 이렇게 저렇게 부탁이든 유혹이든 해보지만 또 거절당한다. 이럴 때는 플랜 B나 C를 동원해서 어떻게든 마감한다. 좋은 매체에서 일한 덕분에 내가 가진 것 이상으로 환대받았다는 걸 알지만, 또 이렇게 다양한 거절을 당해봤기에 쓸데없이 우쭐해지지 않고 균형감각을 지킬 수 있었다.

에디터의 일에는 와글와글한 팀 작업과 모니터 앞의 고독이 공존한다. 편집장과 디자이너, 사진가나 매니저와 쉬지 않으며 일을 조율해야 하지만 결국 마지막 원고를 쓰는 일은 아무도 대신해주지 않는다. 《더블유 코리아》 창간 10주년 기념으로 영화를 만들던 때 (그렇다, 진짜 영화를 만들었다. 그것도 세 편이나!) 나는 혼자 살고 있었는데 매일 감독님, 피디님, 실장님, 편집장님을 외치며 배터리가 닳도록 통화를 해대다가 밤 11시쯤 퇴근해서 집에 돌아오면 불도 켜지 않은 채 비스듬히 누워 슈팅게임만 했다. 사람이 사람에게 쓸 수 있는 하루치 에너지가 완전히 고갈되는 나날이었다. 유방암 인식 향상 캠페인 행사를 지면으로 대신하던 때에는 아티스트 여덟 명을 섭외해서 열 명의 유명인과 연결하고, 미술 작품으로 결과물을 만들어낸 다음 화보와 영상까지 찍어야 했다. 준비 과정부터 몇 달짜리 프로젝트를 마치고 나니 무사히 잘 해냈다는 성취감 뒤에 그만큼의 공허함이 찾아왔다. 편집장의 공치사, 업계 사람들의 감탄, 독자들의 호응을 얻었지만 그래 봤자 한 달이었다. 한 달 주기로 유통되는 잡지 콘텐츠에 이렇게까지나 힘을 쏟을 일인가 싶은 허탈함이, 쉬지 않고 2백 번쯤 계속한 마감 사이에 찾아온 번아웃이 아니었던가 이제야 생각한다.

"그러지 말고 미리미리 해두면 안 돼?" 마감 때마다 야근을 하는 나를 두고 친구나 애인들은 천진하게 걱정하곤 했다. 데드라인을 두고 결과물을 낼 때는 밀도 높게 협력해야 하는 마지막 며칠의 공동작업이 꼭 필요하다는 걸 설명해도 외부 사람들은 잘 이해하지 못했다. 잡지를 그만둔 지 1년이 넘은 지금도 문득 13일 같은 날짜에 쉬고 있으면 이상한 기분이 든다. 13일 밤부터 14일 새벽, 대지[5]를 고치고 또 고치는 시간이 끝나지 않을 것 같은 막막함, 도저히 떠오르지 않는 마지막 원고의 첫 문장, 에너지가 바닥난 채로 아슬아슬하게 지탱하고 있는 몸과 마음의 상태, 모두의 피로와 예민함이 팽팽하게 부풀

5
layout sheet. 인쇄의 레이아웃을 결정하기 위한 위치 맞춤 종이.

어 있는 편집부의 뾰족한 공기 같은 것들이 습한 안개같이 몸에 스며든다. 출근길 정체가 시작되기 전에 간신히 퇴근해서 집에 돌아와 안대를 하고 잠을 청할 때면 오랫동안 피해온 질문이 떠오르곤 했다. 과연 언제까지 이렇게 살 수 있을까? 내가 떠나고 싶던 건 에디터의 일도, 존경하는 편집장과 동료들도, 매체도 아니었다. 단지 14일 새벽의 그 공기였다.

업계 상황이나 외부 압력에 의해 어쩔 수 없이 이 업계를 떠나는 게 아니라, 나 스스로 미래를 선택하고 싶었다. 마침 패션 아이웨어 브랜드의 커뮤니케이션 및 마케팅 포지션으로 제안이 왔다. 새로운 어려움을 가늠하며 도전을 망설이는 내게 친구가 말했다. "매달 그렇게 마감도 하던 애가 뭘 겁내?" 결론적으로 '보통 회사원'이 되어보는 경험은 일하는 사람으로서 나를 더 잘 알게 해 줬다는 점에서 의미 있었다. 내가 일할 때 어떤 방식으로 나의 노력을 사용하고 싶어 하는지, 어떤 상황이 참기 힘든지, 무엇에서 기쁨을 느끼는지 다른 관점으로 발견할 수 있었다. 무엇보다 너무 오래 속해 있어 무뎌져 있던 에디터 일의 속성이 새롭게 보였다. 보통 회사는 보통 회사이기 때문에 어쩔 수 없이 의사결정이 느렸고 업무 추진이 비효율적이었다. 비교할 수 있는 대상이라곤 편집장의 강력한 카리스마로 결정을 신속히 내리고 에디터 각자가 알아서 기동성 있게 일하는 잡지사 조직뿐이었으니 어쩔 수 없었다. 역시 에디터 출신으로 광고회사 AE가 된 후배는 이런 말도 했다. "대기업 과장이지만 스스로 결정할 수 있는 게 하나도 없어서 무기력해. 스물네 살부터 스스로 선택하고 결정하면서 일해왔는데 말이야." 매달 잡지가 나오고 나면 기사에 오탈자는 없을지, 잘못된 정보가 실리진 않았을지, 인터뷰이의 말에서 왜곡된 부분은 없을지 불안에 시달리곤 했다. 내 이름 석 자가 새겨진 결과물에 대한 책임감의 무게였다. 그 책임감은 한편으로 내가 뭐하는 사람인지 설명하지 않아도 스스로의 자긍심을 지탱해주는 기반이기도 했다. 보통의 회사원으로 일하면서는 홀가분함을 누리는 만큼 나라는 사람에 대한 인정(credit)이 흩어지는 기분이었다. 나의 성실, 나의 재능, 나의 의지를 여전히 사용하고 있는데 성과는 눈에 보이지 않았다. 잡지사에서 일할 때는 (사진가나 디자이너, 헤어 메이크업 스태프가 가진) 기술이 없다는 결핍감을 느꼈지만, 밖으로 나와보니 나에게는 명확한 기술이 있었다. 글 쓰는 기술, 그 분야의 전문가를 찾아내고 원하는 바를 명확하게 커뮤니케이션하는 기술, 결과물을 매력적으로 포장하는 기술, 콘셉트를 가지고 선택해서 조합하는 큐레이션의 기술. 그걸 에디터십이라고 말할 수도 있을 것이다. 스스로의 자산을 깨달은 나의 두 번째 퇴사 결정은 더 빠르고 경쾌했다.

이전에 같은 매체에서 함께 일했던 선배와 동기를 만났다. 한 사람은 글로벌 F&B 브랜드의 마케팅 팀장으로, 또 한 사람은 디지털 에이전시를 창업해서 기획자로 일하고 있다. 패션 잡지의 에디터였던 동료들 가운데는 스타일리스트나 인플루언서는 물론 자기 브랜드를 만든 사람, 전시 공간의 기획자가 된 사람, 아티스트들의 작품을 판매하는 플랫폼의 창업자도 있다. 매체 밖에서 일하지만 패션과 라이프스타일이라는 넓은 세계 안에서 각자 커리어의 별자리를 다른 모양으로 이어간다. 잡지 만들 때의 즐거움 중 하나는 존경할 만한 동료가 많았다는 점이다. 터무니없이 많은 돈을 택시에 바치고 세계 각지에서 온갖 예쁜 쓰레기들을 사 모으며, 패션·뷰티부터 IT까지 다양한 트렌드에 해박하지만 통신사 포인트를 알뜰히 사용하는 현실감각 같은 건 없는 사람들. "과연 회사 생활을 다시 할 수 있을까?" 우리는 이런 농담을 서로 나누기도 한다. 한 회사에 10년 넘게 함께 다녔지만 아마 잡지사가 아닌 다른 조직이었다면 이렇게까지 오래 다니진 못했을 것 같다며. 언제나 다수가 참여하는 공동 프로젝트를 진행 중이지만 절반쯤은 개인 크리에이터이자 아티스트의 기질을 지녔기 때문이다.

이들은 좋은 취향을 가진 멋있는 사람이기도 하고, 매사에 호기심을 갖고서 새로운 흐름을 주시하고 찾아내는 사람들이기도 하지만 무엇보다 아이디어를 내고, 특정 분야의 잘하는 사람들을 찾아내서 모으고, 텍스트와 비주얼과 영상으로 자신의 목소리를 녹여낸 결과물을 만들어내서 전달한다.

대학의 취업과 팀장으로 일하는 내 친구에 따르면 에디터를 꿈꾸는 학생들이 (여전히) 많다고 한다. 패션지, 남성지, 영화지, 라이프스타일 잡지가 점점 줄고 있는 상황에서 일을 시작하고자 하는 그들에게 낙관적인 이야기를 들려줄 자신은 없다. 하지만 에디터라는 직업을 필요로 하는 곳들의 범주가 달라지고 있는 것은 분명하다. 앱스토어, 쇼핑몰, 뉴스 서비스처럼 정보를 취사선택, 가공해서 멋지게 제시하려는 시스템에 에디터의 역할이 추가되고 있다. 플랫폼의 형태는 달라지지만 에디터 직무가 사라지지 않을 것이라는 점은 확신할 수 있다. 20년 동안의 출근을 멈추고 당분간 자유롭게 글을 쓰며 지내보기로 결정한 나도, 지금 1인 미디어로 여러 프로젝트를 진행하면서 매체 바깥에서 자생할 수 있는 에디터로서 스스로에 대한 믿음이 커지고 있다. 에디터로 일하면서 내가 익힌 기술 중 가장 큰 부분은, 결국 어떻게든 일이 되게 만드는 근성인 것 같다.

황선우는 1977년 부산에서 태어나 자랐다.

연세대학교에서 영어영문학을 공부하며 진로에 대한 큰 계획 없이 대학생활을 보내다가 IMF를 맞았고, 선발 정원마저 줄어든 언론사 시험을 몇 군데 보다가 1999년 중앙M&B(현 JTBC PLUS)에 가장 먼저 합격했다.

—

그렇게 공채 2기로 에디터 생활을 시작했으며 《여성중앙》, 《씨네21》, 《코스모 걸》 등의 매체에서 취재하고 글을 썼다.

—

2005년에는 두산매거진으로 옮겨 《더블유 코리아》 창간 준비부터 2018년까지 피처 에디터와 피처 디렉터로 일했다.

—

패션 아이웨어 브랜드 젠틀몬스터를 거쳤고 2019년 《여자 둘이 살고 있습니다》를 펴냈다. 공저자인 김하나와 함께 펜유니온이라는 콘텐츠 회사를 운영 중이다.

에디터는 백 번 듣고 한 번 말한다

정문정, 작가

2018년에 낸 책 «무례한 사람에게 웃으며 대처하는 법»이 인기를 얻은 덕에 전업 작가가 되기 전, 나는 에디터였다. 에디터라면 사람들이 무언가에 반응하기 시작할 때 반드시 이유를 알아내야 한다. 기획안이 채택되려면 무엇의 영향으로 사람들이 이 유행을 따르는지, 어떤 변화가 이 트렌드를 이끄는지 설명할 수 있어야 하니까. 이처럼 모든 것에 "왜"라고 질문하는 연습을 하면서 세상의 변화를 그저 흘려보내지 않고, 동시대 사람들의 마음이 보내는 주요 메시지를 포착하게 되었다. 연습을 거듭할수록 내가 하고 싶은 말이나 잘 아는 내용이 있더라도 정보의 함정에 빠지지 않고 이를 대중의 언어로 변환해서 다시 풀어내는 게 몸에 익었다.

한편 스마트폰이 대중화되면서 모든 게 바뀌었고, 내가 몸담았던 잡지 업계도 예외는 아니었다. 고민 끝에 잡지는 떠나기로 했지만 그간 에디터로서 익힌 업무 방식을 버리는 건 아까웠다. 에디터는 전문가와 대중의 중간 지점에서 정보의 양과 질을 조정해 소개하는 번역자이기도 하다. 새로운 정보를 공부하거나 경험하고 그것을 다시 편집해 소개하는 일을 하다 보면 개인의 성장과 커리어의 성장이 함께 이루어지는 기쁨을 느낄 수 있다. 잘 맞는 일을 하면서 돈도 버는 것이 어려운 걸 알지만 더 욕심을 내면 왜 안 되는 걸까. 나는 에디터 일을 잘해서 돈을 많이 벌고 싶었다.

당시 마케팅과 홍보 업계에서는 '브랜드 저널리즘'이 핫한 방법론으로 떠올랐다. '브랜드'와 '저널리즘'의 어울리지 않는 조합이 국내 대기업 사이에서 유행처럼 인기를 끈 건, 코카콜라, 레드불, 애플 같은 기업들이 만들어 낸 자사의 브랜드 홍보 콘텐츠가 호응을 얻으면서부터다. 그전까지 기업들은 새로운 상품을 개발할 때마다 신문과 잡지, 방송 등에 보도자료를 내거나 홍보비를 써가며 기사를 부탁했다. 그런데 기업들이 한순간 깨달았다. "아이, 그냥…우리가 미디어를 만들면 안 되나?"

그렇게 나는 국내 한 대기업이 막대한 예산을 투입해서 론칭한 브랜드 저널리즘 미디어의 에디터가 되었다. 잡지 에디터로 일한 지 6년 만의 일이다. '에디터'라는 이름은 같았지만 하는 일은 상당히 달랐다. 신흥 업계라 전문가가 없어 얼떨결에 내가 편집장을 맡아 팀을 꾸렸다. 이 생태계 속에서는 기업 홍보팀 수준의 정보력과 광고대행사 직원 같은 태도와 행동력, 잡지사 에디터답게 사진과 글을 뽑아내기를 요구받았다. 똥인지 된장인지 눈으로 봐서는 도저히 알 수 없는 일투성이었다. 그때 다양한 종류의 똥을 먹었다. 된장이라 확신하고 듬뿍 찍은 것은 대부분 똥이었다.

어쨌든 버텼다. 새 업계에 맞춰 업무 방식을 새롭게 배웠다. 니체는 "나를 죽이지 못한 고통은 나를 강하게 만든다"라고 했지만 죽을 정도로 힘들면 그냥 그만두는 게 좋다. 무슨 부귀영화를 누리겠다고.... 나는 다음 달 카드 값을 내야 해서 어쩔 수 없이 버텼다.

디지털 콘텐츠의 세계에서 시행착오를 겪는 동안 에디터로서 나의 시선은 완전히 바뀌었다. 그전까지 잡지 에디터로서 익힌 원칙들이 있었다. 내가 아는 에디터는 키워드를 제시하는 사람이지 떠먹여주는 사람은 아니었다. 예를 들어 잡지사에서는 함축적이고 폼 나는 제목을 선호한다. 책 제목으로 치면 '여행의 이유' 같은 것. 그런데 디지털 세계에서는 이런 은유적인 제목이 통하지 않았다. 드래그하며 콘텐츠를 서핑하거나 검색한 키워드로 콘텐츠를 소비하는 독자들은 직관적이면서도 흥미를 유발하거나 공감대를 형성하는 제목이어야 클릭했다. 그에 따라 '여행의 이유'는 '세계 60곳을 여행한 소설가 A씨가 말하는 최고의 여름휴가지 5' 같은 식으로 바꿔야 했다. 처음 이런 식의 제목을 지었을 때는 자괴감에 빠졌는데 나중에는 어떤 제목을 짓더라도 '사람들이 클릭하고 싶어지는 제목인가?'를 묻게 되었다.

디지털 콘텐츠의 특성상 기사 하나하나의 조회수를 볼 수 있고 사람들이 어떤 경로로 콘텐츠를 접하는지, 평균적으로 몇 분 동안 콘텐츠에 머무르는지 알게 되자 사람들이 좋아할 만한 콘텐츠를 미리 설계했다. 예를 들어 '퇴사' 키워드는 금요일보다 월요일에 유입률이 높다. 이처럼 주간, 월별, 시간별 검색어 키워드를 분석해서 사람들이 특정 콘텐츠를 찾을 것이라 예측하고, 그보다 1주일 전쯤 기사를 내보내면 포털 사이트 메인에 소개되어 많은 사람이 볼 확률이 높았다.

사람들의 행동 양식에 맞춰서 콘텐츠를 제작하는 연습도 했다. 사람들이 콘텐츠를 읽다가 이탈하는 시간을 보니 대개 1분을 넘지 않았다. 참을성 없는 사람을 위해 (이 글처럼) 문단을 잘게 나누고 이미지를 넣어 피로도를 줄였고, 기사의 앞부분만 읽고 나머지는 휘리릭 내려버리는 사람들이 많다는 데에 착안해서 앞부분에 중요한 정보를 집중시켰다. 집중력을 발휘하기 힘들어서 글을 끝까지 드래그한 뒤에도 자기가 무엇을 읽었는지 모르는 사람들이 많다는 사실을 알게 된 후엔 글에 번호를 매기거나 중간중간 요약하고 주요 메시지를 반복했다. 밀도가 높은 문장, 어려운 단어, 긴 글은 사람들이 읽다가 포기하거나 화를 내기 때문에 입말로 쉽게 풀어서 쓰고 짧게 썼다. 이도 어렵게 느끼겠다 싶으면 카드 뉴스로 만들어서 이미지와 텍스트를 통일시켰다.

이 시기 모바일에 최적화된 콘텐츠를 만드는 에디터의 수요가 늘어나서 채용 과정에 자주 참석했다. 내가 입사할 때만 해도 에디터라고 하면 '상식', '글쓰기', '깊이 있는 취향' 정도를 테스트했는데 디지털 미디어 에디터들에겐 얼마나 넓고 얕은 취향이 있는지가 중요했다. 그들은 워드가 아닌 PPT로 카드 뉴스를 만들어서 제출했고 개인 미디어로서 팔로워가 얼마나 많은지 설명하며 자신이 대중에게 소구하는 화법에 능통하다는 걸 입증해야 했다. 이제 에디터의 역할은 영업력 있는 마케터와 콘텐츠 크리에이터의 사이 어디쯤에 자리한다.

해외에서는 버즈피드(BuzzFeed), 국내에서는 피키캐스트(Pikicast)가 크게 히트하면서 미디어들은 서둘러 페이스북, 인스타그램, 유튜브 채널을 열기 시작했다. 그런데 뭔가 이상했다.

Essay

잡지에서는 그렇게 잘 읽히고 멋졌던 기사가 어째서 페이스북
이란 그릇에 담기면 밋밋하고 매력 없는 콘텐츠가 되는지! 많
은 미디어들이 디지털팀을 꾸려 온라인으로의 성공적 전환을
꿈꿨지만 조회수가 나오지 않아 당황해하고 있었다. 그들은 몰
랐다. 냉면은 놋그릇에 담고 설렁탕은 뚝배기에 담아야만 먹
음직스럽다는 걸. 신문이나 잡지에 최적화된 콘텐츠를 그대로
디지털로 옮기면 가독성이 떨어졌다. 반대로, 한창 유행하던
하상욱의 시처럼 짧은 콘텐츠는 페이스북에서는 보기 좋았지
만 인쇄 매체로 옮기면 어쩐지 허술해 보였다. 이는 출판 만화
의 프레임과 웹툰의 프레임 차이로 생각하면 쉽다. 모바일 구
조에 맞춰 웹툰을 그려서 히트한 대표적 만화가가 강풀이다.

블로그 콘텐츠 위주이던 브랜드 저널리즘팀을 떠나, 유튜브 전
용 영상과 페이스북 전용 콘텐츠를 주로 만드는 미디어의 디지
털 콘텐츠 총괄 에디터가 되었다. 이곳에서는 채널에 최적화된
포맷에 집중하는 스킬을 습득했다. 같은 기획 아이템이어도 이
를 페이스북용으로 제작할지, 유튜브 영상으로 제작할지에 따
라 결이 완전히 다르기 때문이다. 페이스북이라면 어떤 채널에
제작할지 결정한 후 카드 뉴스로 내보낼지, 글과 사진으로 내
보낼지 결정해야 했다. 콘텐츠를 만든 후에도 배포하기만 하면
끝이 아니다. 눈길을 끌 만한 제목과 대표 이미지를 고르고, 사
람들의 반응을 실시간으로 지켜보거나 해당 페이지에서 이탈

하지 않고 다음 콘텐츠를 보도록 설계해야 했다. 댓글을 분석해서 다음 콘텐츠의 방향을 결정하기도 했다. 트렌드를 데이터로 정리하고, 타깃을 세분화하고, 비주얼과 형식에 집착하며, 독자의 다음을 예측하는 설계자가 되는 것. 디지털 미디어 에디터를 하면서 배운 핵심 능력이다.

《무례한 사람에게 웃으며 대처하는 법》을 쓸 때는 내가 에디터로서 배운 기본 정서와 교훈을 최대한 활용했다. 흑인 여성들의 체험을 소설화하는 작업을 주로 하며 노벨문학상을 수상한 작가 토니 모리슨(Toni Morrison)은 엘리너 와크텔(Eleanor Wachtel)과의 라디오 인터뷰에서 이렇게 말한 적이 있다. "저는 젊은 흑인 여성이, 배경 혹은 우스꽝스러운 인물이 아니라 이야기의 중심에 등장하는 책을 읽어본 적이 없었습니다. 나중에 알았지만 제가 잘 찾아봤으면 한두 권은 발견할 수 있었겠더군요. 어쨌든 당시 저는 그런 내용이 담긴 읽을 만한 책을 원했기 때문에 직접 그런 책을 썼습니다."

나도 내가 읽고 싶지만 세상에 나와 있지 않은 책을 찾다가 그런 책을 직접 썼다. 30대 여성 직장인으로서 회사에서 고군분투하고 갑질에 시달리며 연애와 가족 관계에서 흔들릴 때, 마음의 평안을 얻고자 찾은 책의 저자들은 대부분 나이 지긋한 종교인, 의사 또는 교수였다. 그들의 경험은 내 것과 많이 달랐고 그들의 해결책은 어쩐지 막연했다. 에디터는 비슷한 소재 사이에서 디테일을 다듬는 훈련이 되어 있다. 나만의 디테일 은 당사자인 젊은 여성이 솔직하고 씩씩한 이야기를 써서 공감 을 얻는 것이었다. 2017년은 '갑질'과 '페미니즘'이 사회의 주 요 이슈이기도 했다. 비슷한 고민을 하고 있을 2030 여성들을 타깃으로 당장의 현실적 대처법에 대해 썼다.

책을 내기 전 제목부터 먼저 정했다. 제목은 직관적으로 와닿 으면서도 호기심을 유발해야 했다. '무례한 사람에게 웃으며 대처하는 법'이라고 제목을 짓고 나자 호쾌했다. 표지는 2030 여성들이 소장하고 싶게끔 화사하고 강렬한 일러스트를 써서 제목과 톤을 맞추었다. 목차는 광고 카피같이 썼고 문장은 짧 게 핵심을 반복했다. 완독의 경험이 별로 없는 디지털 세대는 읽기 전에 책의 분량부터 확인한다는 데 착안해서 글을 축약 했다.

내가 하고 싶은 말을 다른 사람들이 듣고 싶어 하는 방식으로 편집하는 과정을 거친 뒤에도 끝이 아니다. 사람들이 반응할 만한 곳에 가서 적극적으로 미끼를 던져 발견되어야 한다. 책 의 프롤로그는 카드 뉴스로 보기 좋게 만들어서 주요 검색엔진 메인과 페이스북 피드에 노출을 노렸고, 브런치와 ㅍㅍㅅㅅ 등 독자 충성도가 높은 미디어에 글을 연재해서 인지도를 높였다.

운 좋게도 «무례한 사람에게 웃으며 대처하는 법»은 2018년 상반기, 한국에서 가장 많이 팔린 책으로 기록되었다. 2019년 6월 현재까지 100쇄를 넘게 찍었고, 일본 등 5개국에 번역되었다. 다양한 채널에서 콘텐츠를 만들고 유통하는 연습을 해보지 않았다면 유명 작가도 아니었던 내가 이렇게 상업적으로 성공할 수 없었을 것이다. 에디터로서 내가 익힌 기술 중에는 세계에 대한 꾸준한 관심을 토대로 타인을 설득하는 최적의 방식과 시기를 찾아내는 일도 있었다. 제대로 말 걸고 싶으니까, 에디터는 백 번 듣고 한 번 말한다. 남의 말은 듣지 않고 자기 말만 하는 사람이 넘치는 세상에서 꿋꿋하게.

에디터는 백 번 듣고 한 번 말한다

정문정은 1986년 대구에서 태어났다.
경북대학교에서 사회학과 국어국문학을 전공했다.

—

2009년부터 대학생 대상 주간지 «대학내일»에서 잡지 에디터로
일했고, 브랜드 저널리즘 팀장으로 옮겨 2015년부터 2년 간 국내
대기업의 온라인 커뮤니케이션을 담당했다.

—

대학내일 20대 연구소와 함께 «20대를 읽어야 트렌드가 보인다»,
«20대가 당신의 브랜드를 외면하는 이유»를 제작했다.

—

2017년부터 2년간 «대학내일» 디지털 미디어 편집장으로 온라인
콘텐츠를 총괄했다. 2018년 에세이집 «무례한 사람에게 웃으며
대처하는 법»을 출간했다.

—

이 책은 2018년 상반기 국내 도서 판매 1위를 달성했고, 일본
등 아시아 5개국에 수출되었다. 또한 독자가 뽑은 'YES24 2018
올해의 책'을 수상했다.

—

https://brunch.co.kr/@annejeong

Nuiyeon
Kim

김뉘연

Seoul

04

김뉘연은 잡지사에서 커리어를 시작해 해외 문학으로 유명한 출판
미술·디자인 출판에 주력하던 워크룸 프레스가 본격적으로 영역
역할이 컸다. 그는 '제안들'이 백지상태에서 총서의 새 그림을 마음
총서의 선서 기준을 더 유연하게 가지려 한다고 말한다.

책들을 거쳐 현재 워크룸 프레스의 편집자로 일하고 있다. 기존에
하는 데는 김뉘연의 취향이 반영된 기획인 문학 총서 '제안들'의
수 있는 좋은 기회였다고 회상하며, 요즘은 더 나은 선택을 위해

주어진 순간에 최선의 선택을 할 수 있기를 바랍니다

서울 종로구 창성동 mk2 카페,
2019년 4월 3일 수요일 오후 2시

'제안들'이 탄생하기까지

요즘 어떤 프로젝트를 준비 중인가요?

총서 및 선집, 전집을 기준으로 이야기해 보자면, '제안들'[1]은 17권 알프레드 자리의 «파타피지크 학자 포스트롤 박사의 행적과 사상» 번역 원고가 입고되어 있고요. '입장들'은 정지돈 작가의 두 번째 단편집 «우리는 다른 사람들의 기억에서 살 것이다»에 뒤이어 배수아

1   워크룸 프레스는 2014년 1월 31일부터 문학 총서 '제안들'을 출간하기 시작했다. 소설, 시, 산문, 희곡, 비평, 전기, 일기, 서간 등 다양한 언어권의 숨은 문학 작품을 엄선해서 출간하는 것이 원칙이다. 단색의 표지, 지은이와 제목이 도드라져 보이는 띠지로 이루어진 책 디자인은 '읽고 싶은 책'보다 '사고 싶은 책'의 개념을 환기시키며 출판 시장과 디자인 시장에 반향을 불러일으켰다.

작가의 신작을 올해 늦가을에 낼 수 있을 듯해요. '사드 전집'은 많이 밀려 있어요. 이제까지 두 권 출간했는데, 앞으로 1년에 한 권씩은 내면 좋겠다고 생각만 하고 있어요. 세 번째 책인 《알린과 발쿠르 혹은 철학소설》이 상당히 두꺼워서요. 또 이 책과 관련된 '제안들' 24권 《인간기계론》을 비슷한 시기에 출간하면 좋을 듯해 가능한 한 같이 준비해보려고 해요. 사뮈엘 베케트 선집은 이제까지 여섯 권을 출간했는데 아직도 여러 권 남아 있어서, 그 소설들을 올해와 내년에 걸쳐 부지런히 펴내려 합니다. 그러면 추후 베케트 선집 목록을 좀 더 늘릴 수 있지 않을까 싶고요. 한편 2018년 가을부터 펴내게 된 앙투안 볼로딘 선집은 저자가 권해 계약하게 된 타이틀인 《메블리도의 꿈》을 2020년 상반기에 출간하게 되고요. 그리고 목록만 발표한 루이페르디낭 셀린의 선집이 남아 있어요. 분량이 적지 않아 걱정입니다.

혼자 하기에는 목록이 너무 많은데요? 동시다발적으로 진행이 되겠네요.

네, 그래서 계속 늦어지고 있어요. '제안들'이 더 신속히 출간되었어야 했는데 다른 선집들 때문에 조금씩 밀리고 있죠. 아무래도 저작권 계약을 체결한 작가

위주로 먼저 펴내게 돼요. 저작권을 계약하면 출판사 입장에서는 적지 않은 비용을 먼저 투자하게 되는 데다, 저작권사에서 제시하는 출간 기한을 지키지 못하면 패널티를 물게 되기도 하니까요. 베케트는 아직 저작권이 만료되지 않은 작가라 로열티를 지불해야 했는데, 좀 더 이성적으로 판단했더라면 권수를 덜 계약했어야 해요. 그런데 특별히 좋아하는 작가였기에 다소 무리해서 여러 권 계약했고 그러다 보니 전반적으로 출간 일정이 밀리게 되었어요.

3년째 주 4일 근무 중이라고 들었어요. 야근은 별로 없나요?

야근을 안 하면서 주 4일 근무해야 의미가 있어서요.

효율적인 업무 관리를 위해 어떤 툴을 사용하는지 궁금합니다.

편집자들은 구글 문서, 구글 스프레드 시트 등 구글의 업무용 툴을 다양하게 활용하고 있어요. 디자이너들은 구글 캘린더로 일정도 공유하고요. 원고는 한글 파일이든 워드 파일이든 작업자가 보내주는 대로 받아서 편집자가 구글 문서(Google Docs)나 페이지스(Pages) 또는 워드(MS Word)에 옮겨 화면 교정을 진행한 다음, 디자이너에게 넘깁니다.

'제안들'의 취지에 대해 "마땅히 소개되어야 함에도 국내 번역본이 존재하지 않았던 책들로 엄선"된다는 설명을 다른 기사에서 읽었어요. 열린책들에서 근무할 때의 영향이 있을까요? 아무래도 러시아 문학 등 해외 문학을 많이 다루는 곳이잖아요.

번역서 기획 편집은 2011년 열린책들에 입사하면서 선택했던 업무였어요. 그 전에는 잡지사에 다녔는데 잠시 쉬게 되면서 출판사를 염두에 두게 되었거든요. 다른 출판사 한 곳과 열린책들에 지원했는데, 다른 한 곳에서는 제가 한국 문학을 맡기를 원했어요. 당시 전 해외 문학에 관심을 두고 있던 터라 열린책들을 선택했고 그렇게 유럽 문학 책들을 편집하게 되었죠. 그 방향이 이어져서 2013년에 워크룸 프레스[2]에 와서도 번역 문학을 기획하게 되었습니다. 그런데 번역서 위주로 펴내다 보니 업무 강도가 높아 다소 지치기도 하고 동시대 한국 문학 중 일부가 흥미로워 보이기도 해서, 문학 총서 '제안들'에 이어 한국 문학 총서 '입장들'까지 기획하게 되었어요.

2   디자인 스튜디오 워크룸에서 2011년부터 운영하는 출판사. 워크룸은 안그라픽스에서 일하던 디자이너들이 의기투합해 만든 디자인 스튜디오다. 초기에 시각예술 작가들의 전시 도록과 포스터 작업을 주로 하다가 현재는 동시대의 시각 문화와 타이포그래피, 인문학에 관심을 둔 출판사 겸 디자인 스튜디오로 자리매김하고 있다.

번역 문학의 협업은 주로 어떻게 이뤄지나요? 원저자와 편집자 사이에 번역가가 추가되는 구조로 보이는데요.

번역가들이 옮기고 썼던 글이나 책을 읽어보고 연락해서 함께 작업하곤 하는데요. 기본적으로는 이렇게 택한 번역가의 역량에 전적으로 맡기고 싶지만, 함께 논의해야 하는 상황이 종종 발생해요. 그런데 누구의 선택이 더 나은 선택이 될지 알기 어려울 때가 대부분입니다. 정답이 없는 상황에서 어떤 식으로든 답을 찾아야 하는 상황이랄까요. 번역에 대한 생각이 해마다 계속 바뀌기도 하고요.

서로의 호흡이 잘 맞는 게 중요하겠네요.

편집자인 저와 번역가 사이의 호흡도 중요하지만, 일차적으로는 저자와 번역가가 잘 맞는지가 더욱 중요하다고 여깁니다.

감수를 따로 붙이는 경우도 있나요?

필요한 경우 감수를 의뢰하고 있어요. 예를 들어 한 편의 글에 여러 언어가 등장했을 때 언어권별로 감수를 맡긴 적이 있고, 수학 관련 내용이 나와서 수학자에게 감수를 요청한 적도 있어요.

번역가가 아닌 분들과의 협업에 대해서도 여쭤보고 싶은데요.
그래픽 디자인 스튜디오로 출발한 워크룸 프레스는 디자이너와
편집자의 역할이 대등하거나 오히려 디자이너의 역할이 큰
편이잖아요. 전형적인 출판사와는 다른 구조일 텐데요. 공동
대표이면서 실장인 디자이너와의 협업은 어떻게 이뤄지나요?

기본적으로는 업무 담당자의 의견이 일순위 결정권을
가져요. 예를 들면, '제안들'을 기획한 제가 전체 책의
목록과 번역가 등을 결정할 수 있죠. 디자인에 관해서는
디자이너가 제게 여러 시안을 보여주긴 하지만 최종
결정은 디자이너의 몫이에요. 다만 디자이너가 표지를
구상할 때 도움이 되도록 작업 초반에 편집자가 책의
콘셉트와 내용을 설명하고요. '제안들'은 아무래도
서로 처음 맞춰보는 입장이어서 각자 이런저런 고민을
많이 했어요. 그런데 디자이너가 최종 제시한 결과물이
신선하면서 근사했고, 이후에는 디자이너의 선택을 거의
전적으로 믿고 따르고 있어요.

워크룸의 박활성 편집장이 다른 인터뷰에서 "아직까지 수익의
대부분이 디자인 프로젝트 쪽에서 발생"한다고 언급한 적이
있더군요. 한편 "출판이 그래픽 디자인 스튜디오의 숙명인 재정적

불확실성을 보완하는 데 느리지만 조금씩 보탬이 되고 있다"고도 말했고요.

> 그러다 보니 디자이너들이 많이 바쁩니다. 또한 워크룸이 적극적으로 책을 내는 그래픽 디자인 스튜디오로 알려지다 보니 책이나 문학 행사 관련 디자인 의뢰가 늘어나기도 했어요. 일례로 워크룸 디자인팀은 3년째 서울국제도서전(SIBF)의 전반적인 디자인 작업을 맡고 있어요.

'제안들'의 현재 표지나 책 구성은 편집자의 의견이 많이 반영된 결과물인가요?

> 책등에 저자 이름과 책 제목을 넣고, 앞표지를 비우는 대신 띠지를 적극적으로 활용하는 방식은 김형진 디자이너의 아이디어였어요. 저는 '작가에 대하여', '이 책에 대하여', '부록', '옮긴이의 글', '작가 연보' 등 책 내부 구성을 짰고요.

우치누마 신타로, 아야메 요시노부,
«책의 미래를 찾는 여행, 서울» 중
'workroom press 워크룸 프레스
— 박활성' 인터뷰, p.105

Q.
앞으로 편집자의 역할은 어떻게
바뀌어갈까요?

A.
'앞으로'라는 건 잘 모르겠는데,
'지금'에 대해 답해도 괜찮을까요?
워크룸 프레스는 디자이너와
편집자가 함께 만든 출판사라 각자의
영역에 대한 역할과 권한, 책임이
다른 출판사보다 더 엄격하고
동등해요. 서로 의견은 나누지만
디자인은 온전히 디자이너가,
편집은 편집자가 결정하죠. 어떻게
보면 당연한 이야기지만 이런 업무
분담이 제대로 작동하는 출판사는
생각보다 많지 않아요.

일종의 직업 총서이자 나중에 이 인터뷰가 실릴 단행본의 표지도 어떤 모습일지 아직 결정이 안 되었는데요. (인터뷰는 2019년 4월 3일에 진행했다.) 어떤 출판사 대표는 "표지가 전부터 중요했지만 요즘은 거의 전부다"라고까지 말하더라고요. 결과적으로 제목이나 표지 디자인에 대한 출판 마케터의 입김도 세졌습니다.

> 워크룸 프레스에는 영업 담당이나 마케터가 없어요. 그래서 각 담당자에게 많이 의존하는 편이에요. 편집자와 디자이너만 존재하는 회사다 보니 책이 출간되면 공동 대표이자 편집장인 박활성 씨가 주요 서점을 직접 방문해서 알리거나, 담당 편집자가 온라인 서점인 알라딘에 방문하기도 해요. 총서에 대한 기본 원칙 및 홍보 방향을 총서 담당자가 어느 정도 결정하고, 그 내용을 구성원과 공유하고 있어요.

표지도 중요하지만, 책마다 다른 구성도 눈에 띄는데요. '제안들'은 몸통이라고 할 수 있는 작가의 글 외에 맨 앞에 '이 책에 대하여' 페이지가 있고, 뒷부분에는 대개 번역가의 말이 실려 있죠. 소설가로 유명한 배수아 번역가의 경우 본문과 동일한 소재로 단편 소설도 실었어요.

> 책 앞쪽의 '이 책에 대하여'는 편집자로서 이 책을 왜 펴내게 되었는지 짧은 글을 실으면 좋을 듯해서 만든

코너였어요. 그런데 지금은 다소 후회하기도 해요. (웃음) 저보다 번역가가 쓰는 게 적절할 것 같으면 번역가에게 부탁하기도 합니다. 그리고 책 뒤쪽의 '옮긴이의 글'에는 애초에 다양한 형태의 글을 실으려 했어요. 그래서 1권인 프란츠 카프카의 《꿈》을 옮긴 배수아 작가에게는 '꿈'에 관한 단편 소설을 청탁했어요. 2권인 조르주 바타유의 《불가능》에서는 성귀수 번역가가 불가능에 대한 단상들을 몇 가지 키워드로 정리했고, 3권인 토머스 드 퀸시의 《예술 분과로서의 살인》에서는 유나영 번역가가 편집자에게 보내는 서신 형식의 글을 썼고요. 그런데 어느 순간부터 다양한 형태의 글을 계속 만들어내기가 여의치 않아져서, 지금은 주로 충실한 해설 형식의 글을 싣고 있어요. 하지만 책에 맞는 새로운 형식을 찾게 되면 언제든 시도해볼 예정입니다.

'제안들'의 새 책이 나올 때마다 책의 번역을 담당한 번역가와 함께 주기적으로 행사를 열어 왔는데요. 지금도 진행 중인가요?

'번역과 말'이라는 타이틀로 번역 관련 토크를 진행하고 있어요. 번역가를 조명하자는 취지 아래, 번역가가 중심이 되는 행사입니다. 최근에는 '제안들' 14권이 나왔을 때 진행했고 이후에는 번역가의 개인 사정으로 인해 진행하지 않았어요. 지금 17권을 준비하는 중인데,

이번에는 추진해보려고 해요. 번역가가 거절하지 않는 한 자리를 마련할 예정입니다.

편집이란 협업을 기반으로 한 혼자만의 작업

어떤 유년기를 보냈는지 여쭤봐도 될까요? 왜 문학을
전공했는지도 궁금합니다.

이 질문을 미리 접하고, 아주 오랜만에 유년 시절을
떠올려봤어요. 별다른 기억은 없지만 책을 좋아했던 건
확실하게 기억나요. 부모님께서 각종 전집을 사주셨고
그래서인지 초등학교 입학할 때쯤 눈이 나빠져서 안경을
쓰게 되었어요. 수학이나 기타 과목에 비해 국어와 영어
성적이 좋은 편이었습니다. 그러고 보니 고등학교 때는
영자신문반에, 대학교 때는 언론학회에 잠시 관심을
두기도 했고요. 대학에서 불문학을 전공하게 된 계기는
일단 성적에 맞춰 진학한 게 크지만, 막연히 지루해

보이지 않는다는 이유도 있었죠.

학부를 졸업하고는 어떤 일을 가장 먼저 했나요?

처음 입사한 곳이 국민체육진흥공단의 자회사인 한국체육산업개발 주식회사였어요. 홍보팀에서 근무하게 되었는데 처음에는 할 일이 아무것도 없었어요. 제가 입사하면서 팀이 만들어졌거든요. 이 회사는 당시 서울 시내와 근교 스포츠센터들을 관리했는데, 부장이 제게 스포츠센터 회원들을 위한 소식지를 구상해보라고 지시했어요. 함께 일할 업체도 추천해줬고요. 그래서 잡지를 구상하고, 스포츠센터에 가서 취재하게 되었죠. 갑자기 잡지 한 권을 만들게 된 셈이죠. 센터에 꾸준히 다니는 유명인을 표지 모델로 섭외해서 인터뷰하고, 여러 강사가 매호 돌아가면서 지도하는 생활체육 코너를 만들었어요. 그런데 아이디어를 내서 각 코너를 구성하고 글로 완성하는 이 일이 상당히 재미있더라고요.

오늘날에는 직업이 그 어느 때보다 훨씬 유동적인 개념이 되었다고 느낍니다. 다른 직업을 가진 자신을 상상해본 적이 있나요? 직업에 대한 현실적인 대안 혹은 꿈꿔온 직업이 있는지 궁금합니다.

현실적인 대안은 가능할 것 같은데, 경제적인 대안이
될지는 모르겠어요. 작가 겸 번역가로, 글을 쓰면서
간간이 번역할 수 있게 되면 좋겠어요. 일단 지금은 편집
업무를 놓지 않고 있어요. 꿈꾸는 일이 현재 하는 일의
연장선상에 있다고 생각하고, 그렇게 만들어나가고
싶어요.

희망하는 두 가지 직군과 매우 밀접하게 작업을 하고 있네요.
작가와 번역가 모두요.

궁극적으로는 작가로 활발하게 활동할 수 있으면
좋겠어요. 시에 대한 시, 소설에 대한 소설을 쓰고
싶습니다. 번역은 흥미로운 책을 발견하면 해보고 싶다는
생각 정도이고요. 계획했다가 마음을 접곤 했는데,
이제는 적절한 책을 발견하면 한번 시도해볼 수 있지
않을까 싶어요.

에디터의 일에 대해 스스로 어떻게 정의하고 있나요?

세상의 모든 것이 편집 아래 있는 것 같기는 한데,
그렇게 답하자니 세상의 모든 것들은 번역이라고, 혹은
디자인이라고 답하는 것과 다를 바 없어 보이네요. 지금
생각하는 에디터십의 정의는, '어떤 일에서든 판단을

내리는 순간마다 적용할 수 있는 기준' 정도가 되지
않을까 싶어요. 출판에서는 에디터십이 기획, 편집, 출간,
홍보에 이르기까지 다 적용되는 것 같고요. 모든 일에
비추어 본다면, 어떤 일을 구상하고 진행해서 완성한 뒤
알리는 일까지 적용할 수 있을 테니까, 그런 관점에서는
'판단을 내리는 순간마다 적용할 수 있는 기준'을 각자
가지고 있지 않을까요? 이 정도의 느슨한 정의를
내려봅니다. 한편 편집자로 일하면서 계속 생각하게
되는 부분이 있는데요. 편집이란 '협업을 기반으로 한
혼자만의 작업'이라는 점에서 여전히 쉽지 않습니다.

기준이 변하기도 하나요?

네, 안타깝지만 매년 바뀌는 듯해요. 1년 전에 편집했던
책을 지금 보면 왜 이렇게 결정했는지 의문이 드는
부분이 여럿 생겨요. 일차적으로 틀린 부분들 외에도
구성을 달리하거나 다른 선택을 할 수도 있었겠다 싶은
점들이 계속 보이더라고요. 주어진 순간에 최선의 선택을
할 수 있도록 애쓸 수밖에요.

최근에 추가된 기준이 있을까요?

'제안들'을 처음 펴낼 때와 지금의 마음가짐이 조금

달라졌어요. 처음에는 때로 불필요할 정도로 집착했던 것 같은데, 요즘에는 생각을 더 열어두려고 노력해요. 돌이켜 보니 스스로 법칙 아닌 법칙을 만들어서 그에 어긋나면 틀렸다고 여긴 지점들이 있었어요. 총서에는 일정 기준이 필요하고 그 기준을 반드시 지켜야 한다고 생각했거든요. 지금은 애초 정한 기준에서 오류가 발견되거나 더 나은 기준을 발견하면 지금 보기에 더 나은 쪽을 택해요. 그래서 증쇄할 때마다 편집 기준을 다르게 적용하기도 해요. 전반적으로 지금 내리는 선택에 더 중점을 두며 바꾸어나가고 있어요. 문장 자체에 대한 판단도 달라지고요. 표기법을 예로 들자면, 말줄임표를 처음에는 여섯 점(……)으로 표기했는데 이제는 세 점 (…)만 찍어도 충분해 보여서 지금은 모두 세 점으로 바꾸고 있어요.

전시 등 개인 작업도 꾸준히 하고 있는데요. 에디터로서 경험을 활용해서 새로운 기회를 만든 적도 있나요?

'편집'을 주제로 개인전을 연 적이 있어요. 〈비문—어긋난 말들〉이라는 제목으로 전시를 열었어요. 편집한 책을 재편집한다는 콘셉트 아래 유통 후 반품된 책을 골라서 흔히 보는 책등이 아닌 책배가 드러나도록 비치했고, 책장을 찢는 소리를 녹음해서 사운드클라우드에

올렸어요. 편집한 선집마다 종이가 다르므로 그걸 찢는
소리도 달라지지 않을까 예상했는데 정작 별다른 차이를
느끼지는 못했고, 다만 종이 사양을 상세히 조사해서
밝히는 정도로 마무리했어요. 또한 책 한 권에서
단어들을 고른 다음 그것들로 글을 써서 문서
네 종을 만들고, 오탈자 등 편집 오류가 발견된 면을 골라
도려내서 액자에 넣어 전시했어요. 이 모든 재료는 제가
편집한 책들이었고요.

주기적으로 찾아오는 슬럼프에 대처하는 법

일하면서 여전히 기억에 남는 실패 경험도 있을까요?

슬럼프가 있었어요. 베케트 선집을 준비할 때였는데,
6개월 동안 책을 내지 못했어요. 베케트 소설
두 권을 동시에 작업했는데, 글이 너무 어려운
거예요. 가장 좋아하는 작가라고 생각해서 야심 차게
기획했는데 막상 편집하려니 어떻게 글을 만져야
할지 잘 모르겠더라고요. 내가 과연 이 작가를 정말로
좋아했던가, 이렇게 불확실한 상태에서 책을 내도
될 것인가 등 여러 생각을 했어요. 번역가들과 함께
괴로워하면서 작업한 그 6개월이 가장 힘들었습니다.
어떻게 결정해야 할지 그저 막막했지만 어떻게든

마감하고는 잠시 잊고 지냈어요. 그러다가 2018년에
또 한 번 비슷한 괴로움이 찾아왔어요. 이번에도
베케트였습니다. 후기 단편집 «동반자 / 잘 못 보이고
잘 못 말해진 / 최악을 향하여 / 떨림»을 마감할 때,
다시금 괴로웠어요. 이번에는 약 1년 동안 조금씩, 잠시
들춰보다가 다른 책을 편집하고, 또 잠시 살펴보다가
다른 책을 편집하는 식으로 고비를 넘겼어요.
베케트와 관련된 슬럼프가 주기적으로 찾아오는 듯해
두렵습니다.

사뮈엘 베케트가 구루(guru)가 되기는 어렵겠네요.

애증 관계라고 봐야 할 것 같아요.

처음에 일하는 법을 알려준 선배나 사수가 있을까요?

특별히 기억에 남는 이는 없어요. 혼자 일하기를 즐기는
편이에요. 돌이켜 보면 워크룸에 합류했을 때 문학
책이 기획되어 있지 않았는데, 저로서는 백지상태에서
마음껏 새 그림을 그릴 수 있어서 참 좋았어요. 그런데
지금은 상황이 다르죠. 다른 문학 편집자가 합류한다면,
제가 그려둔 그림이 그분께 방해가 될 수도 있으리라
생각해요. 당시 제게 좋은 기회가 주어졌었다고 봐요.

야망이 있는 편인가요?

네, 그런데 야망보다 게으름이 더 커요. (웃음) 주 4일
근무를 택할 때 과연 이게 더 나은 선택인지 고민하기도
했는데, 결국 여유를 가지고 싶다는 마음이 이겼어요.
지금은 특히 여성으로서 상징적인 지위에 오르거나 눈에
보이는 성과를 드러내는 행동이 필요한 때인데… 저는
이 상태에서 스스로 멈춰버리는 쪽을 택한 것 같아요.
또한 워크룸은 대표들이 곧 실무자들이기 때문에 그
아래 실무자들이 장의 위치에 올라갈 수 없는 상황이기도
해요. 업무에서는 편집자 각자의 권한이 그 어느 곳보다
크고 따라서 각자 기획한 것들을 마음껏 펼칠 수 있지만,
구조적인 한계는 존재해요. 이 문제에 대해 내부에서
구체적으로 이야기를 나눠본 적은 없지만요. 어쨌든
이러저러한 이유로, 결과적으로 주 4일을 택했어요.
감사하게도 제안이 받아들여졌고요.

과한 집착을 경계합니다

일하다 보면 자기 안에서 가치관이 상충하기도 할 것 같은데요. 일에 대한 욕심이 있지만, 한편으로는 현실 안에서 최선의 선택을 내리기 위해 노력하는 모습도 보이고요. 어떤 가치를 중시하나요?

> 역시 어려운 질문입니다. 수동적인 접근일 수 있겠지만, '누군가에게 피해를 주지 않는 것'이 제게는 중요해요. 그리고 주변 사람들이, 행복하다고 느끼기는 어렵더라도, 살아가는 데 있어서 큰 문제없이 지냈으면 좋겠어요. 마지막으로 가치라고 말하긴 애매하지만, 좋은 글을 쓰고 싶어요.

메모를 보니 '개의 행복'이라고 적으셨네요?

주변을 떠올리다 보니 자연히 개가 생각났어요. 결혼
전에 가족들과 함께 지내던 개인데 지금은 제가 떠나오게
되어서... 마음만큼 자주 가보지 못해 항상 아쉬워요.
어디서든 그 개가 행복하면 좋겠어요. 그런데 가치에
대한 제 견해가, 이기적인 생각에서 비롯된 것일 수
있어요. 누군가에게 피해를 주지 않도록 노력한다는 건
말씀드렸듯이 수동적인 면이 있어요. 누군가에게 피해를
주지 않겠다는 태도는 그만큼 나도 피해를 받고 싶지
않고, 모두와 어느 정도 선을 지키면서 번거로운 일이
발생하지 않을 정도로만 사회에 개입하고 싶다는 의미가
있으니까요. 사회문제에 적극적으로 개입해서 목소리를
내는 분들이 보기에는 부족하게 느껴질 수 있죠. 요즘
여러 가지 사회문제에 대해 발언하거나 행동하는 분들을
깊이 지지하지만 정작 구체적인 행동을 취하지는 않는
저 자신에 대해 고민하는 중입니다.

개인적으로 지키고자 하는 원칙이 있나요?

'누군가에게 피해를 주지 않으려는 노력'이라는 답이 이
질문과도 통하는 것 같아요. 매사에 과도하게 집착하지
않으려고 노력합니다. 일이든 삶이든. 예를 들면 직접
기획하고 편집한 시리즈를 두고 아무리 애를 쓰더라도,
개인의 의도와 상관없이 어느 순간 떠나야 하는 상황이

생길 수 있잖아요. 삶도 마찬가지이고요. 주어진 순간에 할 수 있는 만큼 공들여 임하되 언제든 가볍게 떠날 수 있기를 바라고 있습니다. '정리 정돈'이 원칙이 될 수도 있겠네요. 사무실에서든 집에서든 늘 자리를 정돈하려고 노력해요. 이 점은 편집과 관련이 있을 수 있겠네요.

편집자는 매사를 의심해야 하는 직업

인터뷰 초반에 여러 프로젝트를 동시에 진행 중이라고 했는데요. 일정이나 건강은 어떻게 관리하나요?

특별한 관리법이랄 게 없어 전반적으로 느슨한 편이에요. 시간을 낭비하는 데 거리낌이 없달까요. 가만히 있거나 산책하는 시간을 즐겨요. 그러한 시간들이 궁극적으로 도움이 되리라 애써 여기고요. 흘려보내는 시간이 있어야 한다고 생각해요. 그런데 출퇴근 시간을 완전히 버리는 듯해, 최근에는 버스로 오가는 동안 단어들을 메모하고 있어요. 그리고 개인 작업을 구상하거나 글을 씁니다. 작업에 대해 날마다 의식적으로 생각하고, 한 단어라도 메모해두려 합니다. 건강 관리는 잠을 푹 자고, 이동할 때

걷거나 대중교통을 이용하는 정도가 전부예요. 그러니 특별한 관리법이랄 게 사실 없어요. 매사에 크게 매이지 않으려 하는 점 정도? 한편 업무와 관련해서는, 친분 있는 번역가와 1년에 한두 번씩 느슨하게나마 정기적으로 만남을 가지는 편이에요. 가끔 작가를 만나거나 개와 산책하기도 해요.

야근을 가급적 하지 않는다고 했죠? 그러면 출근과 퇴근 시간이 고정적인 편이겠네요.

워크룸 프레스는 올해부터 탄력 근무제를 도입했어요. 소규모 회사에서 탄력 근무제를 시행하면 정부에서 일정 비용을 지원해주더군요. 저는 2018년까지는 주 32시간으로 계약했는데 2019년에는 주 30시간으로, 다른 분들은 주 40시간으로 계약했어요. 그래서 월요일과 화요일은 오전 10시부터 오후 7시까지, 수요일과 목요일은 오전 10시부터 오후 6시까지 근무해요. 시프티(Shiftee)라는 출퇴근 앱도 올해부터 사용하고 있어요. 이렇게 탄력 근무제를 도입한 배경에는 디자이너들의 야근을 줄여보자는 의도도 있어요. 작년에 디자이너들이 야근을 정말 많이 했거든요. 아직 몇 개월 지나지 않았지만 탄력 근무제 도입 이후 전반적으로 근무 환경이 나아졌다고 느끼고 있어요.

문학 쪽 에디터가 되고 싶어 하는 사람에게 해주고 싶은 조언이
있을까요?

어떤 언어든 한국어 외 특정 언어를 하나 더 구사할 수
있으면 좋고, 나아가 여러 언어를 조금씩이라도 읽을 수
있으면 도움이 될 듯해요. 그 수준이 깊지 않더라도요.
또한 다양한 분야의 책들을 살펴보면 좋습니다. 문학
쪽만 살피다 보면 다양한 구성을 갖춘 책들을 놓칠
수 있어서요. 한편 편집자는 매사를 의심해야 하는
직업입니다. 책에 실리는 글에 오류가 없는지 최대한
따져봐야 하기에, 아무리 꼼꼼해도 지나치지 않아요.
그런데 일이란 매듭지어야 할 때가 결국 오잖아요.
따라서 적절한 순간에 내려놓는 태도를 동시에 갖춰야
하고요. 보다 구체적인 팁으로는 '북에디터'라는
사이트에 출판사 구인 정보가 올라오고 있어요. 관심
가는 출판사가 있다면 그곳의 SNS 계정이나 홈페이지를
주기적으로 확인하면서 모집 공고를 챙겨봐도 좋을 것
같습니다.

주어진 순간에 최선의 선택을 할 수 있기를 바랍니다

김뉘연

김뉘연은 1978년 서울에서 태어나 고려대학교 불어불문학과를 졸업했다.

—

2001년부터 «데코 휘가로», «마담 휘가로», «마리 끌레르», «필름 2.0», «누메로» 등의 잡지사에서 피처 에디터와 취재 기자로 일했고, 2010년 열린책들에서 유럽문학팀장으로 근무했다.

—

2013년부터 워크룸 프레스에서 편집자로 일하며 시와 소설을 쓴다.

—

«말하는 사람»(안그라픽스, 2015)을 썼고, 전시 〈비문—어긋난 말들〉(컬·럼, 2017~8)을 열었고, 전용완과 함께 〈문학적으로 걷기〉(국립현대미술관, 2016), 〈수사학—장식과 여담〉(아르코 미술관, 2017), 〈시는 직선이다〉(시청각, 2017) 등으로 문서를 발표했다.

—

instagram @*foirades*

김뉘연
Nuiyeon Kim

"

책은 다와다 요코의 «영혼 없는 작가», 배수아의
«올빼미의 없음», 클라리시 리스펙토르의 «달걀과 닭»을
추천합니다. 《올빼미의 없음》은 소설가 배수아가 2010
년에 발표한 단편 모음집이고요, 《달걀과 닭》은 번역가
배수아가 작업했어요. 둘 다 배수아와 연관이 있네요.

잡지 중에는 일본 잡지 «브루터스»와 «뽀빠이»를
좋아합니다. 국내 잡지는 영상 잡지 «오큘로»와 과학
잡지 «에피», 두 가지를 정기 구독하고 있습니다.

"

Zenta
Nishida

니시다 젠타

Tokyo

《브루터스》 편집장으로 일하면서 《까사 브루터스》의 창간에 참

동안 궁금증이 풀릴 때까지 사람들에게 묻고 공부한 후에 기획의 ㄷ

데 큰 도움이 되었다고 말하며, 에디터들에게 호기심을 남에게 전

니시다 젠타는 카피라이터 출신이다. 그는 카피라이터로 일하는
을 정하는 방법이 지금의 «브루터스», «까사 브루터스»를 만드는
지 말라고 강조한다.

에디터의 일이란 언제든 변할 수 있습니다

도쿄 긴자 《브루터스》 사무실,
2019년 5월 9일 목요일 오전 11시

니시다 젠타

궁금증이 모두 풀릴 때까지 묻고 또 묻는 카피라이터

평년보다 길었던 골든위크가 끝나고 어제부터 다시 업무가
시작되었습니다. 방금 전까지는 어떤 작업을 하고 있었나요?

실은 자고 있었어요. (웃음) 이번 골든위크는 열흘이나
되다 보니 연휴가 시작되기 전에 어느 정도 업무 정리를
해뒀거든요. 편집장이 되면서 원고를 직접 쓰는 일은
없어졌는데, 대신 관리자로서 확인해야 할 일이 언제나
산더미처럼 쌓여 있습니다. 결국 연휴 후반에는 회사에
나와야 했죠. 잡지에 실을 광고를 기획하거나 2018년에
개시한 웹사이트(brutus.jp)에 추가할 사항을 정리하고,
중요한 회식을 위해서 웬만해서는 예약하기 힘든 가게에
몇 번이고 사정해서 예약에 성공도 했고 (웃음) 곧 미국

출장이라서 비자 발급에 필요한 서류도 정리하고요.

편집자로 일한 지는 얼마나 됐나요?

1991년 이맘때쯤 매거진 하우스에 입사했으니까…
정확히 28년 됐네요. 그전에 대학을 졸업하고 4년간,
하쿠호도(Hakuhodo)[1]라는 광고회사에서 카피라이터로
일했습니다. 처음부터 카피라이터를 꿈꿨던 건
아니었어요. 광고회사에 입사해서 연수를 받던 중에
크리에이터 부문에 들어가기 위한 시험을 봐야 했습니다.
말이 카피라이터지 한 달 전까지만 해도 대학생이었던
제가 좋은 카피를 쓸 리는 없고, 아침 아홉 시에
출근해서 새벽 다섯 시에 귀가했어요. 상사는 양이 곧
질이라고 믿는 사람이었습니다. 하루에 카피를 백 장씩
써서 제출하면 두세 장 넘겨보고는 전부 쓰레기통에
던져버리기 일쑤였죠. 그걸
다시 주워 들고는 화장실에
숨어서 운 적도 있어요.
힘들었지만 카피라이터
일 자체는 즐거웠습니다.
조금씩 중요한 일을 맡게
되면서 닛산 자동차
캠페인을 진행했는데,

1   도쿄에 위치한 일본의
대표 광고회사로 1895년에
설립되었다. 전 세계 20개국에
3000여 개 협력사가 있으며 수많은
지사와 자회사가 있다. 대표적으로는
세계적인 광고대행사 TBWA와 함께
만든 TBWA\HAKUHODO, 한국
광고 회사인 제일기획과 공동으로
세운 하쿠호도제일(Hakuhodo
Cheil)이 있다.

디자이너나 엔지니어, 홍보 담당자가 아니라 자동차를 직접 만드는 현장을 찾아가 묻고 또 물었습니다. 뭔가를 기획할 때, 관계자나 업계 전문가를 찾아가서 궁금증이 모두 풀릴 때까지 묻고 가능한 한 모든 자료를 수집해서 공부한 후에 디테일을 정하는 방법은 《브루터스(BRUTUS)》[2]나 《까사 브루터스(Casa BRUTUS)》[3]를 만들 때도 큰 도움이 되었습니다.

카피라이터에서 편집자로 전향한 계기가 있나요?

광고회사에서 일하면서 소책자를 몇 권 만들었는데 반응이 의외로 좋았어요. 주변 권유도 있었고요. 광고보다 출판에 소질이 있는지도 모르겠다는 생각이 들었죠. 매거진 하우스에 처음 입사했을 때의 기억은 여전히 선명합니다. 모든 것이 광고회사와 달랐어요. 언제 일을 하는지, 과연 일이란 걸 하나? 싶은 사람들이

[2] 매거진 하우스가 발행하는 격주간지로 도쿄 도시 남성의 라이프스타일, 문화를 다룬다. 1980년 5월 창간 이후 일본의 잡지 저널리즘과 그래픽 디자인의 새로운 기준을 세웠다고 평가받으며 도쿄를 대표하는 라이프스타일 매거진으로 자리 잡았다.

[3] 매거진 하우스가 발행하는 월간지로 2000년, 《브루터스》에 이어 창간되었다. 《브루터스》가 도시 남성의 라이프스타일을 탐구한다면 《까사 브루터스》는 성별보다는 디자인과 라이프스타일에 초점을 맞춘다. 오브제 및 가구부터 인테리어 트렌드, 이벤트 정보까지 다양한 디자인 콘텐츠를 망라하고 있다.

편집부에 모여 있었거든요. (웃음) 예를 들면 어제 본 영화 이야기에서 대화가 시작해 점차 화제가 바뀌는데, 대화를 듣고 있는 것만으로도 그 지식의 방대함에 압도될 정도였습니다. 입사한 지 얼마 되지 않아 갑자기 뉴욕 출장 명령이 떨어졌고 40페이지라는 말도 안 되는 양의 기사를 도맡게 됐는데, 원고를 완성해서 상사에게 내밀었더니 두세 장 넘겨보고는 "괜찮은데?"하고 바로 통과시키더군요. 지금 생각해보면 시대가 좋았던 것 같습니다. 운도 따랐고요.

매거진 하우스에서는 《브루터스》 외에도 많은 잡지를 만들고 있는데요. 《뽀빠이(POPEYE)》를 시작으로 《앙앙(an·an)》, 《크로와상(Croissant)》, 《까사 브루터스》 등 매체 성격에 따라 편집부 분위기도 꽤 달라 보입니다.

《브루터스》 편집부는 비교적 자유로운 편이에요. 오전 11시에도 출근한 사람이 몇 명 없을 때가 있고 가끔은 '오늘 공휴일이었나?' 싶을 정도로 회사에 아무도 없기도 합니다. 20년 전에는 오후 4시가 되도록 출근하지 않는 사람도 있었으니까 그에 비하면 양호한 편이네요. (웃음)

오늘도 편집부에 사람이 별로 없는데… 모두 현장으로 바로 출근한 걸까요?

아직 자고 있을 겁니다. (웃음) 책을 잘 만들어서 제때 발행하고 잘 팔리기만 한다면야 크게 문제될 게 없죠. 한 달 만에 만나도 "오랜만이네? 특집 잘된 거 축하해."하고 인사를 건네면 그만이니까요. (웃음) 잡지는 편집장을 닮고 편집장은 잡지를 닮는다던데, 어쩌면 내가 지금의 자유로운 분위기를 만들었는지도 모르겠어요. 편집부는 1991년, 입사 이후로 책상 위치와 설비만 조금씩 바뀌었지 나머지는 그대로입니다. 얼마 전에 발견한 건데, 지금 제 자리 구석에 "에어컨을 끄지 말아 주세요. 편집부 공기가 순환하지 않습니다."라고 적힌 낙서가 흐릿하게 남아 있더군요. 당시 편집장이 바람이 차다고 수시로 에어컨을 껐어요. 그게 화가 나서 에어컨 바람이 나오는 곳에 유성 펜으로 적어뒀어요. 돌이켜보면 다루기 힘든 신입이 들어왔다고 생각했을 것도 같네요. (웃음)

정재혁, PUBLY 리포트
‹팔리는 기획을 배운다 — 잡지 BRUTUS &
POPEYE› 중 '편집장이 말하는 잡지'

잡지에서 가장 중요한 특집, 그 기획은 어떻게 시작되는 걸까요. 니시다 편집장은 그것을 '답답한 감정'과 '단어 하나'라고 말합니다. "특집을 만든다는 건 '시대를 읽는다'라고 할 정도로 거창한 게 아닙니다. 호들갑을 떨 필요가 없습니다. 특집을 만드는 건 세상에 어떤 답답한 감정을 느낄 때, 그것을 붙들어 맬 만한 하나의 단어를 고르는 작업입니다." (…) 주관적이고 감각적인 방식이 잡지다움을 만듭니다. 그것이 잡지의 재미로 직결된다고 생각합니다." 막연한 답답함을 주관적이고 감각적인 단어로 지칭하는 것, 잡지의 시선은 여기서 시작됩니다.

《브루터스》 에디터에서 편집장으로

《브루터스》를 한마디로 표현한다면 어떤 잡지인가요?

머지않은 미래의 내가 궁금해 할 만한 것을 알려주는
잡지. 뻔뻔한 대답이 될 수도 있는데 "세상은 앞으로
이렇게 될 것입니다!" 하고 예언하는 듯 말하는 잡지가
아니라, "아주 조금만 방향을 틀어보면 어때요?" 또는
"요 며칠 계속해서 찾던 게 혹시 이거 아닌가요? 맞죠?"
하는 잡지가 바로 《브루터스》입니다. 사람은 높게 잡아도
자신의 욕망을 30%밖에 이해하지 못한다고 합니다.
첫눈에 반한다는 말도 그렇습니다. 그 사람이 눈앞에
나타났기 때문에 "이상형이야!"라고 말하는 거죠. 다시
말해 사람은 어떤 대상이 눈앞에 나타나지 않는 이상,
그것을 정말 좋아하는지 모르는 게 당연합니다. 그런데도

마케팅이라는 바보 같은 문화는 그런 마음을 제어할 수 있다고 믿어요. 그런 생각이야말로 난폭하고 도박에 가까운 접근법인데 말입니다. '뭔가 부족해. 부족한데 뭔지 모르겠어…! 그래, 이거야! 꽃이야! 라디오야! 마침 파스타가 궁금했어!' 하고 마음을 움직이게 만드는 힘이야말로 《브루터스》를 지금까지 만들어올 수 있었던 이유입니다.

그 제안이 늘 성공적인 편이었나요?

《브루터스》가 정답이라는 생각은 전혀 없어요. 한편 모두의 의견을 수렴해서 결정한 사항에는 정당함이 따르지만 재미를 기대하기는 힘들죠. 시장이나 여론을 조사하는 행위는 결국 소비자보다 한 발짝 뒤에서 그들의 동향을 살피며 걸어가는 일이 됩니다. 그렇게 뒤를 밟다가 '이제 슬슬 오른쪽으로 가겠구나' 하고 오른쪽에 관한 책을 낸다면 어느 정도의 반응은 보장되겠지만 솔직히 재미나 매력은 떨어지죠. 마음 가는 대로 그들을 제치고 앞으로 뛰어나가서 "여기야!" 하고 불렀더니 모두가 "와!" 하고 달려오는 날이 있는가 하면, "어쩌라고?"라며 외면해버리기도 하는 것이 바로 잡지의 세계입니다. 하지만 앞서 말한 것처럼 《브루터스》는 머지않은 미래를 이야기하는 만큼 언제든지 제자리로 돌아와서 방향을 수정할 수 있습니다. 울기야 울겠지만 (웃음) 금방 그들을 따라잡을 수 있으니까요. 독자와의 거리감은 저를 포함해 편집부 모두가 많은 경험을 통해 숙지하고 있고요.

편집장의 1년은 어떻게 흘러가나요?

매달 1일과 15일, 한 달에 두 권, 1년에 23권의 《브루터스》를 발행하고 있습니다. (매년 1월 1일은 휴간) 보통 다섯에서 여섯 가지 주제가 동시에 진행되는데, 교정 작업까지 모두 끝내고 인쇄만 남겨둔 주제가 있는가 하면, 아직 기획 내용을 잡아가고 있는 주제도, 한창 취재에 바쁜 주제도 있습니다. 모든 진행을 확인하고 필요할 때 조언을 하는 것이 제가 맡은 일입니다. 광고주 등 클라이언트를 만나 의견을 조율하거나, 외부 필자나 개발자를 주기적으로 만나 상황을 파악하는 것도 편집장의 임무고요. 아무래도 발행 직전에는 신경이 곤두서 있는 편입니다. 팔리든 안 팔리든 도통 마음을 붙일 곳이 없달까요. 전체를 봐야 하고 동시에 판단력과 예민함이 필요한 작업이긴 한데, 이것도 오래 하다보니 나름 익숙해지더군요. '슬슬 시작인가' 싶은 주제가 있으면 담당자에게 은근슬쩍 다가가 물어보거나, 몇 번이고 수정을 거듭하고 있는 내용을 함께 고민하기도 하죠. 은퇴하면 바닷가에 별장을 세우고 공터에 커다란 드럼통을 하나 두고는 그동안 만들었던 책을 한 권씩 태우겠다는 농담을 자주 하는데, 그만큼 표지만 봐도 어떤 마음, 어떤 상황이었고 건강은 어땠는지까지 모두 선명하게 기억이 납니다. 가끔 참 재미있는 직업이다 싶어요. 굳이 일기를 쓰지 않아도 될 정도니까요.

2007년에 편집장으로 취임하고 12년째에 접어들었습니다. 막 취임했을 때 어떤 기분이었나요? 신임 편집장으로서 다짐이나 목표가 있었나요?

솔직히 에디터로 일하는 동안에는 문제점을 의식할 겨를이 없었습니다. 그때그때 맡은 특집에 집중하는 것만으로도 시간이 모자랐으니까요. 편집장 취임을 앞두고 계획을 전혀 세우지 않았다면 거짓말이겠지만, 말 그대로 짐작을 해보는 수준이었어요. 편집장이 된 게 2007년 12월. 기획단계부터 마무리까지 편집장 자격으로 발행한 첫 번째 《브루터스》는 2008년 4월 1일에 발행한 637호 '일본 경제 입문' 특집입니다. 《슬램덩크》로 유명한 만화가 '이노우에 다케히코'를 다룬 642호 특집이 증쇄를 거듭하며 도합 50만 부가 팔리기도 했지만, 팀 구성이나 제작 과정 등을 정비해서 편집부가 제대로 돌아가기까지는 시간이 필요했습니다. 2009년, 편집장

취임 후 정확히 1년이 지났을 때, 진정한 의미의 성과가
나타나기 시작했죠. '모두의 농업', '어쨌든 라디오가
좋아서', '고양이로소이다' 특집들이 3호 연속 완판을
기록하면서 알게 됐다고나 할까요. 아니, 그만큼의
경험을 쌓았다는 표현이 맞겠네요. 업계에서 '로켓
스타트'라는 이야기도 자주 들었지만, 성공적인 기획이
나오기까지 몇 번이고 대실패를 겪었어요.

편집장이 되면서 잡지나 팀 차원에서 변화를 꾀한 게 있나요?

흔히 잡지를 개편하며 독자에게 변화를 어필하고
싶을 때, 가장 먼저 디자인을 바꿔야 한다는 말을 자주
듣습니다. 디자이너를 바꾸는 게 가장 빠르다고요.
디자이너가 바뀌면 표지 분위기가 바뀌고, 레이아웃도
바뀔 테니까요. 개편이나 변화를 떠올리면 대부분
그렇게 생각하기 쉬운데 저는 바꾸지 않았습니다.
지금도 여전히 같은 디자이너와 일하고 있어요.
에디터도 마찬가지입니다. 30년 가까이 일하면서 팀원이
조금씩 바뀌긴 했지만 인원수는 크게 달라진 적이
없어요. 지금도 에디터, 디자이너를 포함해 총 열 명이
편집부에서 일하고 있습니다.

주변 반응도 물론이지만, 《브루터스》를 대하는 독자의 태도가

확실히 달라졌다고 느낀 특집이 있을 것 같은데요.

돌이켜보면 2008년 5월 1일에 발매한 '거주공간학' 특집을 만들면서 조금씩 느끼기 시작한 것 같아요. 그 후, 매년 5월 1일마다 같은 제목의 특집을 발행하고 있습니다. 그동안 건축이나 디자인 전문지에서만 다루던 내용을 보다 쉽게 독자에게 전달할 수 있었던 데는 《까사 브루터스》편집부에서의 경험이 크게 작용했다고 생각합니다. 1999년쯤인가… 비슷한 연령대의 에디터 세 명이 힘을 모아 건축, 디자인 분야를 집중적으로 다루는 잡지 《까사 브루터스》를 만들기 시작했죠. 어느 정도 매체가 자리를 잡은 후에 다시 《브루터스》로 돌아간 게 2007년 여름입니다. 그로부터 6개월 후 편집장을 맡게 됐고요. 7년간의 공백 아닌 공백 기간에 잠시 떨어져 있으면서 《브루터스》를 객관적으로 바라볼 수 있게 됐어요.

《까사 브루터스》에서 다룬 주제 가운데 디자이너 야나기 소리나 건축가 안도 다다오 특집 등, 여전히 탁월한 기획으로 평가받는 기사가 많습니다.

《브루터스》에서 에디터로 일하면서 '브루터스 부동산'이라는 건축 정보 페이지의 연재를 맡게 되었습니다. 원래 건축이나 디자인에 크게 관심이 있었던 건 아니었어요. 모르는 만큼 미친 듯이 공부해야 했죠. '야나기 소리를 만나지 않으시겠어요?' 특집을 만들기 위해 국회도서관에 틀어박혀 그가 쓴 책과 인터뷰 기사를 쌓아두고 읽고 또 읽었어요. 그렇게 스크랩한 내용을 넣은 두꺼운 파일을 끌어안고 그를 찾아갔죠. '안도 다다오 X 여행' 특집도 마찬가지고요. 그런 모습을 좋게 봐준 두 사람의 신뢰를 얻을 수 있었고, 그 결과 독자 반응은 뜨거웠습니다.

한 명이 처음부터 끝까지 만든다

늘 새로운 주제로 한 권의 책을 만드는 건 축복이지만, 한편으로는 매번 흥미로운 기획을 해야 한다는 고통도 뒤따를 것 같습니다.

종종 주제를 정하는 게 힘들지 않느냐는 질문을 받는데, 거꾸로 생각해봅시다. 늘 비슷한 주제를 다루는 잡지가 과연 이 세상에 존재할까요? 오히려 언제나 비슷한 주제로 잡지를 만드는 게 더 고통스러운 일 아닐까요? 우선 에디터와 편집장의 업무가 어떻게 다른지 한 번 더 설명하는 게 좋겠네요. 에디터는 하나의 특집을 완성하기까지 그 주제에 관한 것만 생각하면 됩니다. 편집장에게는 전후 관계가 존재합니다. 컴퓨터 모니터에 9개월에서 1년치 기획을 나열한 목록을 화면에 띄워두고

가만히 보고 있다가 '어라, 요즘 먹는 얘기가 부족하네?', '최근 문장이나 책 특집에 소홀했네?' 하는 생각을 거의 매 순간 하죠. 매달 두꺼운 잡지들이 많이 나오잖아요. 그 잡지들은 패션, 책, 여행, 음식, 음악… 수많은 주제를 다루고요. 그 내용을 주제별로 하나씩 잘라내서 한 권의 책으로 엮은 것이 《브루터스》라고 생각하면 한 달에 두 번의 기획을 하는 건 그리 어렵지 않아요. 얼마 전에 나온 '요변천목' 특집이 여러모로 《브루터스》답다고 할 수 있겠네요. 일본에 딱 세 점 밖에 없는 요변천목 다완[4]에 관한 이야기로만 책을 엮다니, 솔직히 머리가 어떻게 된 거 아닌가 싶기도 하겠죠. (웃음) 올해는 어느 정도 기획이 다 정해졌고, 아직 비어 있는 2019년 8월 15일 호의 주제도 이번 주 중에 확정할 예정입니다. 최근 생각난 아이디어 중에는 내년을 위해 비축한 것도 있고요. 1년간의 기획이 이미 정해져 있다는 사실에 놀라는 사람도 있는데, 향후 몇 년 뒤의 기획까지 모두 정해놓는 잡지도 분명 존재합니다. 어떤 주제를 정하느냐보다 그 주제를 가지고 한 권의 책을 어떻게 풀어나갈 것이냐가

4 　다완(茶碗)은 차를 마시는 데 쓰는 그릇을 말한다. 천목다완(天目茶碗)은 송나라 시대 '건요'라는 민간요에서 만들어진 검은색의 무늬 없는 다완이나, 요변(窯變, 도자기가 가마 속에서 변화를 일으키는 일)으로 인해 검은 바탕에 광채를 띠는 푸른색, 혹은 무지개색 점점이 박힌 요변천목 다완을 가장 귀한 찻잔으로 본다. 현재 완전한 요변천목 다완은 단 세 점으로 모두 일본의 국보로 지정되어 있다.

관건입니다.

경험이 쌓일수록 잘 팔릴 만한 기획이 어느 정도 보일 것도
같습니다.

그런 기획이 있기는 합니다. 예를 들어 뮤지션 야마시타
타츠로(Tatsuro Yamashita)가 오랫동안 진행해온
라디오 방송의 역사를 기록한 '야마시타 타츠로의
BRUTUS Songbook' 특집은 서점에 깔리기 무섭게
매진을 기록하면서 총 13만 부가 팔렸습니다. 그런데
이 특집은 5년 전에 제안했다가 한번 거절당했던
기획이었어요. 그동안 내용을 더 꼼꼼하고 풍성하게
키워서 기획을 성사시킬 수 있었습니다. (편집부 한쪽
벽에는 '미타니 코우키 실종 사건!?' 특집, '긴급 특집
이노우에 다케히코' 특집 포스터와 함께 야마시타
타츠로의 친필 메시지와 사인이 적혀 있는 포스터가 붙어
있다.) 매번 다른 주제로 잡지를 기획하는 것은 일종의
실험과도 같아요. 의심스럽더라도 도전해보고, 반응이
좋으면 더 파고들어봤다가, 반응이 미지근하면 방향을
조금 틀어보거나 편집을 수정하는 과정을 반복하면서
계속 변화해야 진정한 잡지가 아닐까 하는데요. 최근
몇 년간은 예상과 실제 결과가 잘 맞아떨어지지 않게
되었습니다. 능력의 문제라기보다 시장이 급속도로

정재혁, PUBLY 리포트
〈팔리는 기획을 배운다 ─ 잡지 BRUTUS
& POPEYE〉 중 'BRUTUS와 POPEYE에
주목해야 하는 이유'

시대가 바뀌면 잡지도 바뀝니다.
세월이 흐르면 잡지는 새로운 역할을
찾습니다. 니시다 편집장은 잡지의
새로운 문을 열었습니다. 의식주,
음악, 영화, 책, 예술 등 어떤 것도
가리지 않고 다루되 독특한 관점으로,
《브루터스》만의 새로운 시선으로
깊고, 곧게 다루는 잡지를 만들자는
것이었습니다. 시야는 넓되 관점은
좁고 명확하게 하는 것, '원 테마
잡지'의 탄생입니다.

변해버린 거죠. 설마 했던 기획이 불티나게 팔린다거나, 누구도 의심치 않던 기획이 영 반응이 없을 때도 있고요. 잡지의 세계는 언제나 흥미롭습니다. 긴장을 늦출 수 없어요.

《브루터스》의 팀 운영 방식이 궁금합니다.

한 사람의 에디터가 기획부터 완성까지 담당하며, 평균 두 달에 한 권의 잡지를 만듭니다. 가끔 한 사람이 두 가지 주제를 연속으로 맡을 때도 있는데, 그럴 땐 평소보다 조금 일찍 취재를 시작하기도 하죠. 연간 계획을 미리 세워뒀기에 가능한 일이에요. 한 기획당 1.5명(도중에 한 명이 더 투입된 경우)에서 두 명이 붙습니다. 각 주제에 따라 그 분야에 능통한 프리랜스 에디터나 일러스트레이터 등의 멤버가 함께하지만 담당자는 한 사람입니다. 물론 편집에 관한 모든 결정은 편집부의 담당자가 결정하고요. 적은 인원으로 진행하기 때문에 늦어도 두 달 전부터는 움직여야 해요. 그래서 주제를 더 빨리 정하는 것도 있고요. 저는 한 사람이 만들어야만 《브루터스》답다고 생각합니다. 다수의 에디터가 참여해서 지나치게 많은 이야기가 섞이는 순간, 《브루터스》만의 매력은 사라지고 말죠. 한 명, 많아도 두 명이 한 가지 주제에 대해 기획하고, 취재를 진행하고 완성해야만 재미있는 책을 완성할 수 있습니다. 그 전체를 살피는 건 편집장인 제가 해야 할 일이고요.

어떤 이야기든 표지에 제호가 올라가는 순간 《브루터스》가 될 수 있겠다는 생각이 들어요.

2019년 4월에 '꽃과 꽃다발' 특집을 발행했는데, 편집 작업 중에 그런 이야기를 한 적이 있어요. "표지에 브루터스 말고 '하나지칸(Hanajikan)'[5]이라고 적으면 의심할 여지도 없이 《하나지칸》이 되겠는데?" "《브루터스》란 대체 뭘까?" 하고요. (웃음)

5   일본의 유명한 식물 관련 미디어. 도쿄 지요다 구에 본점을 두고 있는 출판사 가도카와 쇼텐 (Kadokawa Shoten)에서 발행한다.

에디터의 일이란 언제든 변할 수 있습니다

잡지는 편집장을 닮고 편집장은 잡지를 닮는다

《브루터스》의 역사에는 두 번의 터닝 포인트가 있는 것 같습니다. 첫 번째는 버블 붕괴로 침체를 겪던 시장을 기조 변화로 타개한 사이토 가즈히로 편집장 시대고요.

그 사람은 좀 과장하는 경향이 있어요.(웃음) 사이토 씨는 제 스승입니다. '책을 만든다는 게 이렇게 재미있는 일이구나!' 하고 깨닫게 해준 사람입니다. 3년 반에서 4년 정도 《브루터스》에 있다가 바로 《보그 옴므 재팬(Vogue Hommes Japan)》으로 가버렸지만요. 그는 언제나 기획 단계 5분, 마무리 단계 5분 씩밖에 진행 상황을 확인하지 않았어요. 처음 미팅 후 "이쪽으로 가!" 하고 방향이 정해지고 마지막 미팅 때 "이 페이지는 필요 없어!

버려!"라고 하는 순간 내용이 놀랍도록 좋아지고는 했죠. 지나치다 싶을 만큼 자유로웠지만, 중요한 순간에는 누구보다 정확하게 가이드라인을 제시하는 그의 편집 스타일에서 은연중에 많은 영향을 받았습니다. 사이토 씨가 《브루터스》 편집장으로 취임한 게 1996년쯤인데, 당시 《브루터스》는 빈사 상태에 가까웠습니다. 그가 죽어가던 잡지를 단번에 살려냈습니다. 구성원 모두가 매력적이기는 했지만, 업무보다는 취미에 가까운 태도로 일을 하던 분위기 속에서 저를 포함해 젊은 에디터 몇 명이 진땀을 흘리며 일하고 있었죠. 돌이켜보면 그런 분위기가 오히려 좋았어요. 신입인데 잡지 한 권을 도맡아 진행할 수 있었으니까요. 제가 쓴 원고가, 제 생각이 고스란히 담긴 책자가 전국에서 판매된다는 사실만으로도 황홀했어요. "내 맘대로 해도 괜찮은 거야?" "법적으로 문제없는 거야?" 하면서 말입니다. (웃음)

두 번째 터닝포인트는 편집 방침을 대폭 수정해서 새로운 지향점을 찾은 니시다 젠타 편집장 시대가 아닐까 합니다.

결과적으로 그렇게 볼 수도 있지만, 일본 역사상 잡지가 가장 많이 팔린 시기는 1995년입니다. 그해 최고치를 찍은 이래 그래프는 지금까지 계속 내려가고만 있어요.

예전의 《브루터스》가 좋았다는 소리를 요즘도 종종 듣는데요. 솔직히 2019년에 과거와 같은 문법으로 책을 만들어도 비슷한 반응을 얻기는 힘들 겁니다. 사이토 가즈히로 씨가 편집장으로 취임해서 가장 먼저 만든 특집은 '너는 베르메르[5]를 보았느냐?'라는 제목이었습니다. 베르메르가 별로 유명하지도 않던 시대에 한 명의 화가를 주제로 책 한 권을 완성한 겁니다. 그게 커다란 성공을 거두면서 《브루터스》는 활력을 되찾았고요. 반면 요즘 시대에 '너희들은 이런 것을 보았느냐?'라고 마치 독자에게 가르치듯 다가간다면 저라도 기분이 나쁠 것 같아요. 오히려 '베르메르, 러브'라는 제목을 붙이겠죠. 그게 지금의 《브루터스》입니다.

《뽀빠이》의 기노시타 다카히로(Takahiro Kinoshita)를 비롯해 《앤드프리미엄(&Premium)》의 시바사키 노부아키(Nobuaki Shibasaki), 《하나코(hanako)》의 다지마 로(Ro Tajima) 등, 최근 몇 년 동안 '팀 니시다' 소속이자 《브루터스》 부편집장으로 있던 인재가 매거진 하우스의 다른 잡지 편집장으로 취임하는

5   네덜란드의 화가. 요하네스 페르메이르(Johannes Vermeer)라고도 불린다. 렘브란트, 프란스 할스와 함께 네덜란드의 황금시대인 17세기를 대표하는 세 명의 대가 중 한 명으로 꼽히며, 빛과 색깔을 조화롭게 사용해 주로 고요한 실내 풍경을 그렸다. 대표작으로 〈델프트 풍경〉, 〈우유 따르는 하녀〉, 〈진주 귀고리 소녀〉 등이 있다.

일이 잦아지고 있습니다. 사내 전체적으로 '니시다 스타일'이
필요하다는 뜻이 아닐까요.

헤아려보니 역대 《브루터스》 편집장 중 제 재임 기간이
가장 길더군요. 그래서 배출한 인재가 비교적 많아
보이는지도 모르겠습니다. 다른 잡지의 편집장이 될 만한
인재를 부편집장으로 두고 있으니 그만큼 안정적으로
《브루터스》를 만들 수 있었다고도 볼 수 있고요.
기쁘지만, 함께 일하던 동료가 떠나가는 것은 언제나
슬픈 일입니다. 웃으면서 손은 흔들지만요. (웃음)

독자에게 재차 다가가기 위해 웹사이트를 만들다

2018년 가을 brutus.jp라는 웹사이트가 오픈했는데요. 종이 매체의 웹사이트는 어떤 역할을 맡고 있나요?

뉴스 사이트를 만들고 싶다는 생각은 조금도 없었습니다. 대신 지금까지 없던 새로운 형태의 잡지에 도전해보고 싶었죠. 그런 뜻에서 보면 《브루터스》의 세 번째 터닝 포인트라고도 할 수 있겠네요. 아주 작은 터닝 포인트. 웹사이트를 만들지 않고 있자니 비즈니스 면에서도 불편한 게 많았어요. 광고도 필요하고요. 이렇게 설명하면 어떨까요? 일본 도치기 현에는 나스 고원[6] 이라는 유명한 피서지가 있습니다. 나스 고원으로 가려면 구로이소 역을 꼭 지나야 해요. 자연스럽게

역 앞에 상권이 생겨나고 마을이 발전하게 됩니다. 호텔과 별장도 들어서고요. 그러던 어느 날, 고속철도가 생기더니 구로이소 역 바로 근처에 최신식 역사인 나스시오바라 역이 세워졌습니다. 자연스럽게 사람들은 나스시오바라를 이용했고 쿠로이소 역 주변은 한산해져 갔죠. 우리가 만드는 잡지, 즉 종이 매체는 바로 구로이소 역 앞에 있습니다. 그런데 인터넷이라고 하는 빠르고 멋진 고속철도역이 들어선 겁니다. 좋은 물건을 만들어도 그걸 봐줄 사람이 없으면 아무 소용이 없어요. "정말 재미있는 책이 여기에 있어!" 하고 구로이소 역 앞에서 소리쳐봤자 들어줄 사람이 없으니, 나스시오바라 역 근처에 brutus.jp라는 이름의 빌딩을 하나 세운 거죠. 아직은 작은 빌딩입니다. 역 바로 앞도 아니고 조금 후미진 골목에 서 있는 땅을 미리 사둔 셈이랄까요. 결국엔 구로이소로 사람들을 끌어들이기 위한 땅이죠.

brutus.jp는 어떤 식으로 구현하고 있나요?

지금까지의 모든 기사를 낱개로 나눠서, 특정 키워드로 연결하는 방식을 추구합니다. 의자에 관한 기사를 읽다가 그 디자이너의 출신지인

6   해발 1915m의 활화산 챠우스다케를 볼 수 있는 고원 지대. 곳곳의 유명한 온천 지대와 골프, 스키 등의 리조트 시설이 있어 매년 관광객의 발길이 끊이지 않는다.

'캘리포니아'라는 키워드를 클릭하면 캘리포니아에서 제작하는 구두에 관한 기사로 넘어가고, 그 기사에 적혀있는 '컬래버레이션'이라는 단어를 클릭하면 이번에는 애니메이션 업계의 협업에 대한 기사로 방향이 전환됩니다. 별생각 없이 읽어 내려가던 중에 자연스럽게, 호기심이 이끄는 대로 《브루터스》를 편집할 수 있는 형식이죠. 즐겨찾기 페이지에 좋아하는 기사를 저장할 수 있는데, 그걸 한데 묶으면 나만의 《브루터스》가 완성됩니다. 회원가입은 무료, 검색은 유료 회원제로 제공하고 있고요.

잡지 구매를 유도하도록 내부적으로 더 신경 쓰는 부분이 있을까요? 표지나 본문에 담긴 특정 인터뷰이가 될 수도 있고요. 일본에는 다치요미(立ち読み, 책이나 잡지를 구입하지 않고 판매처에서 서서 읽는 행위)라는 독특한 문화가 있는데요. 《브루터스》나 《뽀빠이》에 대한 온라인 서점 등의 코멘트를 보면 다치요미로는 부족하다는 의견이 많습니다.

'천천히, 꼼꼼하게 읽고 싶다', 또는 '소장하고 싶을 만큼 내용이 충실하다'는 의미에서 그런 코멘트를 적었을 텐데요. 그런 웹사이트에 굳이 코멘트를 다는 사람은 좀 이상한 사람이라는 생각을 할 때도 있어요. (웃음) 5~6만 명이 구입하는 책에 서너 명의 의견이 달려 있다는 것 자체가 조금 이상하지 않나요? 다시 본론으로 돌아와서, 물론 기쁜 이야기입니다. 웹사이트를 만든 이유도 결국 종이로 만든 책을 한 명의 독자에게라도 더 전하고 싶은 마음에서 시작된 거니까요. 그렇게 정확한 데이터는 아닌데, 서점 판매량에 가장 큰 영향을 미치는 것은 '접촉의 기회'라는 조사 결과가 있습니다. 예전에는 큰 목적 없이도 서점에 가서 여기저기 둘러보다가 재미있어 보이는 책을 샀다면, 요즘은 사고 싶은 책이 있어서 서점을 찾아가는 시대입니다. 온라인으로 손쉽게 주문할 수도 있고요. 눈에 들어오는 순간, 앗! 하는 발견이 없으면 쉽게 지나쳐버리고 말 것입니다. "이게 뭐지?" 하고 흥미를 유도하는 것도 방법일 테고요. 지나치다 말고 고개를 돌리게 만드는 디자인, 표지의 완성도가 중요한 시대죠.

좋아하는 게 많은 에디터는 지루할 틈이 없다

에디터의 일을 어떻게 정의하나요?

아무리 생각해봐도 잘 모르겠더라고요. (웃음)
편집이라는 단어를 한자로 쓰면, 모아서(集) 엮는다
(編)는 뜻이 됩니다. 그러니 엮기 전에 우선 철저한
컬렉터가 되어야만 하죠. 에디터란 다양한 것을 모으고
또 모아서, 그 안에서 좋은 정보를 골라 정리하고, 알기
쉽게 전달하는 직업입니다. 동시에 사람과 사람을
연결하고, 주어진 기획에 가장 적합한 사람을 찾아내고
팀을 만드는 능력도 필요하고요. 0에서 1을 만드는 게
아니라, 1을 10으로 만드는 것이 에디터죠.

에디터에게 가장 필요하고 중요한 자질은 무엇일까요?

호기심을 남에게 전가하지 말라는 말을 자주 합니다.
본인의 취향과 호기심이 이끄는 대로 쓸데없는 걸
잔뜩 그러모을 수 있는 인내력과 집중력이 필요하죠.
여기에서 말하는 '모은다'는 행위는 단순한 수집을 넘어,
최대한 많은 것에 대해 알고 있어야 한다는 뜻입니다.
많이 알아야 그 안에서 중요한 것만 골라낼 수 있습니다.
그리고 많이 알수록 다른 사람의 이야기를 듣고 그것이
흥미로운 이야기인지, 틀린 점은 없는지 판단하는
기준이 늘어나고요. 많이 공부하고, 사방팔방으로 손을
뻗어 '잡식'을 하며 살아가야 합니다. 잡지의 '잡(雜)'은
잡다함을 의미합니다. 잡다한 책이라는 뜻이죠. 잡다한
것을 잡다하게 긁어모아서 그 내용을 독자적 시선으로
좁혀가는 것이 바로 잡지입니다. 우선 자기의 호기심을
만족시킨 후에, 그걸 타인에게 가장 흥미로운 방법으로
전하고 싶다고 생각하는 게 중요해요. 에디터는 누구보다
많이 웃고, 떠들고, 화내고, 울고, 먹고, 기뻐하고,
상처받고, 상처를 주는 (웃음) 사람이어야 합니다. 오스카
와일드는 이렇게 말했어요. "선과 악으로 사람을 구분하는
것은 터무니없다. 사람은 매력적이거나 지루하거나 둘 중
하나다." 이 세상의 수많은 정보를 끌어들이기 위해서라도
에디터는 매력적이어야만 합니다. 요즘 인터넷을 보면

남을 깎아내리는 말로 자신의 위치를 올릴 수 있다고 생각하는 바보가 많이 보입니다. 권위가 있거나, 인기가 많은 사람을 비판하면서 잠깐이나마 우월감을 느끼는 거겠죠. 그런 못난 마음에 미래란 없습니다. 싫어하는 것보다 좋아하는 것을 찾아야 합니다. 좋아하는 게 많은 사람에게는 지루할 틈이 없거든요. 동시에 지루한 사람만큼 이 세상에서 지루한 존재도 없습니다.

최근 들어 한국에서는 에디터가 되고자 하는 젊은 친구들이 눈에 띄게 줄어들고 있습니다. 일본은 어떤가요? 에디터라는 직업은 앞으로 어떻게 변화할까요?

에디터가 되고자 하는 사람이 줄어들어도 큰 문제는 없다고 생각해요. 잡지도 계속 줄어드는 추세니까요. 시선을 넓혀 보면, '편집'이라는 작업 자체는 잡지가 아닌 다른 분야에서도 활발하게 진행되고 있습니다. 다양한 분야에서 응용이 가능하니 그만큼 편집이란 행위를 주목할 겁니다. 이 세상 모든 것이 편집으로 완성되고 있다고 해도 과언이 아니죠. 그렇게 생각하니 내일 당장 없어져도 되는 직업이라는 생각도 드네요. (웃음) 잡지가 사라진다고 생명에 지장이 있거나 한 것은 아니니까요. 그럼에도 불구하고 더 해볼 여지가 있는 매력적인 직업이라고 생각합니다만.

다른 직업을 꿈꿀 필요가 없는 것이
에디터의 가장 큰 장점이다

어떤 어린 시절을 보냈나요? 언젠가 인터뷰 기사에서 '나는 책벌레였다'라고 말한 게 인상적이었습니다.

홋카이도의 삿포로에서 태어났는데 유치원은 히로시마에서 다녔습니다. 아버지는 NHK(일본의 공영방송)에서 아나운서로 일하던 니시다 요시오(Yoshio Nishida)입니다. 직업 특성상 전근이 많았어요. 텔레비전에서 보는 아버지는 언제나 웃는 얼굴이었지만 집에서는 엄하고 무서운 존재였습니다. 농담으로라도 절대 사투리를 쓸 수 없었습니다. 마치 아나운서 양성소 같은 분위기였죠. 아버지는 항상 이렇게 말했습니다. "젠타, 너는 운동에는 소질이 없으니 공부를 열심히

해야 한다." 아버지가 평소 만나는 올림픽 선수 같은 프로들과 나를 비교하다니… 하는 생각이 어린 마음에도 늘 있었어요. 아버지는 노력파였어요. 배구 시합을 중계하기 위해서 규칙을 외우는 건 물론이고 코치 자격까지 취득해버리는 사람이었죠. 아버지의 그런 면을 어쩔 수 없이 닮은 것도 같습니다. 어린 시절부터 많은 책을 읽기는 했는데, 문학보다는 엔터테인먼트 장르에 푹 빠져 지냈습니다. 본격 미스터리 같은 해외 추리소설 번역본이 어머니의 책장을 가득 메우고 있었거든요. 매일 같이 도서관이나 방구석에 틀어박혀 추리소설과 잡지를 읽고 해가 뜰 때까지 라디오를 듣는가 하면 "아버지를 닮아 이야기하는 걸 좋아하는구나"라는 말을 들을 정도로 수다쟁이였어요. 심지어 아버지에게 "말하기 전에 10초 더 생각해라" 하고 잔소리를 들을 정도였습니다. 아나운서에게 말을 줄이라는 소리를 들었으니 말 다 한 거죠. (웃음)

말하기 민망할 만큼 사소한 고집 같은 것이 있다면요?
인스타그램이나 트위터 계정을 보면 상당히 취향이 뚜렷한 분 같습니다.

비교적 개성이 강한 편이라고는 생각하는데 말 그대로 너무 사소해서 다 기억하고 있지는 못해요. 주변 사람들로부터 '역시 니시다스럽다'라든가 '너는 꼭 그러더라?'라는 말을 듣는 일이 종종 있어요. 예를 들면 약속 시간이며 장소며 다 정해놓고 갑자기 가기 싫어진다거나, 약속 장소에 도착했는데 어딘지 모르게 마음이 불편해서 집에 가버린다거나, 백화점을 너무 싫어해서 2층에서 만나기로 해놓고 전화를 걸어서 제발 1층으로 내려와달라고 부탁한다거나… (웃음) 그때는 상대도 엄청 화를 내더군요.

혹시 에디터가 아닌 다른 직업을 생각해본 적도 있나요?

지금까지 쌓아온 경험과 능력을 그대로 유지한 채 다른 직업을 선택한다면 뭐든 될 수 있다고 생각합니다. 내가 필요로 하는 일이라면요. 1980년대 후반으로 거슬러 올라 진로를 정할 때 기억을 떠올려보면 역시 '상사맨'에 대한 동경을 잊을 수 없어요. 어디든 좋으니 그저 다른 나라에서 살아보고 싶었거든요. 그런데 1지망이었던 상사 입사 시험의 마지막 단계에서 떨어졌고, 광고회사의 입사 시험을 여러 곳 봤지만 죄다 떨어지던 중에 마지막으로 절 받아준 곳이 하쿠호도였어요. 그렇게 광고계에 들어가서 카피를 쓰고, 출판사에서 잡지를 만들고, 책을 쓰고, 라디오에서 수다를 떨고, 신문에 에세이를 연재하고… 따지고 보니 이미 여러 일을 하고 있네요.

| 누구는 4대 미디어를 제압했다고도 말하는데….

제압한 것 같은데요?

제압은 아니고 살짝 손을 댄 정도? (웃음) 아무튼 꿈꾸던 상사에는 들어가지 못했지만 에디터로 일하고, 《까사 브루터스》를 발행하기 시작하면서 1~2개월씩 해외에 머무르는 일이 많았으니까… 나름 꿈은 이룬 셈입니다. 《까사 브루터스》에서 '안도 다다오 × 여행' 특집을 만들 때는 50일간 그와 함께 전 세계를 돌며 비서 역할을 했습니다. 사진가는 모두 현지에서 섭외하고요. 출판, 특히 잡지는 다양한 주제를 다루는 만큼 어느 특정 주제에 대해 그 분야의 전문가만큼 깊이 알기는 힘듭니다. 많은 것을 알고 있지만 경계가 있다고 봐요. 예전에 세간에서 지성의 정점에 있다고들 말하는 건축가 이소자키 아라타(Arata Isozaki)[7]를 만나 이런저런 이야기를 나눌 기회가 있었는데, 한 시간 정도 지나니 가지고 있던 모든 에너지가 바닥나서 머리가 어지러울 정도였죠. 좋은 질문을 하기 위해서는 그만큼 공부해야 합니다. 지금 이야기하다가 느낀 건데, 상사에서 일하고 싶다면

7 단게 겐조(Kenzo Tange), 안도 다다오(Tadao Ando)등과 함께 일본을 대표하는 건축가. 2019년 '건축계의 노벨상'으로 불리는 프리츠커상 수상자로 선정됐다.

상사맨의 일과를 취재하면 되겠네요. 에디터라는 직업의 최대 강점은 다양한 직업군의 사람을 만나 깊은 이야기를 나눌 수 있다는 점입니다. 그런 의미에서, 다른 직업을 꿈꿀 필요가 없고요. "에디터는 언제든지 다양한 직업으로 변할 수 있는 직업입니다." 니시다는 이렇게 말하며 웃었다,라고 기사를 마무리 짓는 건 어떨까요? (웃음)

니시다 젠타는 1963년 홋카이도 삿포로에서 태어났다.
그는 전근이 많았던 아버지를 따라서 히로시마, 도쿄 세타가야
구, 기타 구에서 어린 시절을 보냈다.

—

와세다대학 상학부를 졸업하고 광고회사 하쿠호도에 입사, 당시
제4제작실에서 카피라이터로 일하며 닛산자동차 페어레이디 Z의
캠페인 등을 맡았다.

—

1991년 하쿠호도를 퇴사하고 매거진 하우스(Magazine
House)에 입사해 《브루터스(BRUTUS)》 편집부에서 편집자로
일하기 시작했다.

—

1996년부터 3년간 잡지 《긴자(GINZA)》, 1999년부터 7년간
《까사 브루터스(Casa BRUTUS)》의 창간에 참여했으며, 《까사
브루터스》에서는 건축·디자인 분야를 담당해 일본에서 야나기
소리의 디자인을 유행시키고, 현대건축 붐을 일으키는 계기를
만들었다.

—

2007년 3월, 다시 《브루터스》 편집부로 돌아왔고 부편집장을
거쳐 그해 12월, 브루터스의 제 10대 편집장으로 취임했다.

—

현재 매거진 하우스 제4편집국장직을 겸임하며 《브루터스》와
《타잔(Tarzan)》의 발행인으로 일하고 있다.

instagram @zentanishida

에디터의 일이란 언제든 변할 수 있습니다

니시다 젠타
Zenta Nishida

"

(에디터로 일하면서 항상 지니고 다니는 일종의 부적
같은 물건이 있느냐는 질문에) 글쎄요. 그런 문화를
부정하는 건 아닌데, 그렇다고 갑자기 하나 꼽으려니
생각나는 게 없네요.

최근 가장 좋아한다고 해야 할까요, 매일 같이 바라보게
되는 물건은 '침착해(おちつけ)'라고 적힌 족자입니다.
이시카와 큐요(Kyuyo Ishikawa)라는 유명한 서도가가
쓰고 호보니치(Hobonichi)라는 콘텐츠 기업에서
기획해서 한정된 수량으로 판매했는데 보자마자
마음에 들어서 당장 주문했습니다. (책장을 가리키며)
제 데스크 정중앙에 걸려 있어요. 그리고 그 옆에 안도
다다오 씨의 인물 사진, 그리고 그 옆에 (본인의 사진을
가리키며) 제 영정 사진. (웃음)

"

까사 브루터스
Casa BRUTUS

—

매거진 하우스가 발행하는 월간지로 2000년, 《브루터스》에 이어 창간되었다. 《브루터스》가 도시 남성의 라이프스타일을 탐구한다면 《까사 브루터스》는 성별보다는 디자인과 라이프스타일에 초점을 맞춘다. 오브제 및 가구부터 인테리어 트렌드, 이벤트 정보까지 다양한 디자인 콘텐츠를 망라하고 있다.

기노시타 다카히로
Takahiro Kinoshita

—

1997년 매거진 하우스에 입사해 《브루터스》의 부편집장 겸 패션 수석을 거쳐 2012년부터 약 6년 동안 《뽀빠이》의 편집장을 역임했다. 해외 미디어에서도 그를 다룰 정도로 남성 패션 잡지의 이름난 편집자로 알려져 있다. 더플코트나 체크 셔츠 같은 기본 아이템을 활용한 그만의 세련된 패션 스타일은 일본을 넘어 한국에서도 큰 사랑을 받고 있다. 2018 년부터는 유니클로(Uniqlo)를 총괄하는 집행 임원 및 크리에이티브 디렉터로 활동 중이다.

《나의 개인주의》

—

《나는 고양이로소이다》의 저자이자 20 세기 초 일본 문학계를 대표하는 소설가 및 영문학자인 나쓰메 소세키(Soseki Natsume)가 1914년 11월 25일 가쿠슈인 대학에서 진행한 강연 제목. 이 강연은 대학 졸업 후 가쿠슈인 교사 채용 낙방, 영국 유학 등 개인 이야기로 시작해 자기본위와 권력과 금력, 개인주의에 대한 내용으로 이어진다.

나탈리 매스넷
Natalie Massenet

—

럭셔리 이커머스 분야의 선구자로 꼽히는 네타포르테와 미스터포터의 창립자. 나탈리 매스넷은 《태틀러》와 《W》 등에서 패션 에디터 경력을 쌓았고, 미디어적 사고로 이커머스에 접근해 패션 잡지의 방식대로 가치 있는 브랜드를 모아, 그것이 고객의 구매로 이어질 수 있도록 콘텐츠로 재가공했다. 2015년 네타포르테를 떠나 현재는 경쟁 이커머스 플랫폼 파페치 (Farfetch)의 비상임 공동의장(non-executive co-chairman)으로 일하고 있다. 2018년에는 닉 브라운(Nick Brown)과 함께 유럽, 미국에 있는 초기 단계의 기술 기반 리테일 기업에 투자하는 벤처 캐피털 이매지너리(Imaginary)를 공동 창업했다.

네타포르테
Net-a-Porter

—

'럭셔리 쇼핑의 경험을 온라인으로 옮겨오자'는 아이디어에서 시작하여 나탈리 매스넷이 론칭한 여성 전문 이커머스. 기성복을 뜻하는 프랑스어 프레타포르테 (prêt-à-porter)의 앞 음절을 인터넷의 네트(net)로 바꾼 조합이다. 나탈리 매스넷의 감각과 패션 잡지에서 쌓은

네트워크를 토대로 럭셔리 패션업계를
온라인으로 끌어들인 하이엔드 이커머스
분야의 선구자로 불린다. 2000년 6월 론칭
이후 10년이 지난 2010년, 네타포르테는
핵심 투자자 중 하나였던 리치몬트 그룹에
인수되었고 2015년에는 또 다른 온라인
라이프스타일 스토어 육스(YOOX)와
합병해 거대한 럭셔리 온라인 플랫폼으로
진화했다.

뉴스픽스
NewsPicks
—

유자베이스에서 운영하는 경제·경영 뉴스
기반의 뉴스 큐레이션 및 커뮤니티 서비스.

다지마 로
Ro Tajima
—

《하나코(hanako)》 편집장. 《하나코》는
1988년에 창간한 일본의 인기 여성지다.
다지마 로는 1997년 매거진
하우스에 입사해 이듬해 《브루터스》
편집부에서 일하기 시작했고 2010년
《브루터스》의 부편집장을 거쳐 2016년
《하나코》 편집장에 취임했다.

《달걀과 닭》
—

20세기 브라질의 가장 위대한 작가로
손꼽히는 클라리시 리스펙토르(Clarice
Lispector)의 단편소설집. 예측할 수 없는
부조리와 돌연함으로 가득한 ‹달걀과 닭›,
‹사랑›, ‹장미를 본받아›를 비롯해 총 27

개의 작품을 엮었다. 원제는 《O Ovo e a
Galinha》로 1960년에 처음 출간되었고,
한국에는 배수아가 번역하여 2019년 6월에
소개되었다.

동양경제신보사
Toyo Keizai Inc.
—

일본 정치인 마치다 주지(Chuji
Machida)가 1895년에 창간한, 일본에서
가장 오래된 주간 경제 신문사. 신문을
비롯하여 전문 잡지와 정치, 경제 서적을
출판하고 있으며 데이터베이스 사업,
세미나 사업, 부동산 운용 사업을 진행
중이다. 도쿄에 본사를 두고 있으며
회사에서 발행하는 주간 《동양경제》는
일본의 3대 경제 전문지이다.

마크 복서
Mark Boxer
—

사회를 날카롭게 관찰한 영국의 잡지
에디터, 풍자만화가 및 초상화가.
《선데이타임스》, 《타임스(The Times)》,
《태틀러》, 《가디언(The Guardian)》 등
영국의 유력 매체에 글과 만화를 실으며
‘마크(Marc)’라는 필명으로 활동했다.
영국잡지편집자협회(British Society
of Magazine Editors)는 그의 영향력을
기리며 1988년부터 마크 복서 어워드
(Mark Boxer Award)를 만들어 매해 영국
잡지 산업계에 공을 세운 편집자에게 상을
수여하고 있다.

매거진 하우스
Magazine House
—

일본 긴자에 본사를 둔 잡지 발행 회사.
1954년 창립 이후, 1964년 전신인
헤이본샤 시절 창간한 «헤이본펀치
(Heibon Punch)»를 시작으로 1970년대
후반의 «뽀빠이», 1980년대의 «브루터스»,
1990년대 후반부터 2000년대 초반에
탄생한 «릴랙스(Relax)» 등 각 시대의
도쿄를 상징하는 잡지를 만들고 있다.
이외에도 «긴자(Ginza)», «앤드프리미엄
(&Premium)» 등이 매거진 하우스 산하
대표 잡지다.

«문명론의 개략»
—

일본 개화기의 계몽사상가이자 교육가
및 저술가인 후쿠자와 유키치(Yukichi
Fukuzawa)가 1875년에 저술한 책.
문명이 발전하는 순서에 따라 야만, 반개
(문화가 조금 발달하였으나 아직 완전한
개화에는 이르지 못함), 문명 이렇게 세
단계로 규정하여 살펴본다. 문명이란
무엇인가에서 시작하여, 문명은 어떻게
진보하는지, 구미 문명과 일본 문명의
차이는 어디에 있는지 등의 문제를
진지하게 논의한다.

미스터포터
Mr Porter
—

네타포르테의 자매 사이트이자 2011년 2월
영국 런던에서 시작한 남성 전문 이커머스.
쇼핑과 콘텐츠를 통합한 형식의 비즈니스

모델로 단순 쇼핑몰을 넘어 남성의
라이프스타일을 제안하고 있다.

브로드컬리
Broadcally
—

발행인의 독립적 관점이 담긴 로컬 숍
연구 잡지로, 자영업 공간을 연구한
결과를 잡지 형태로 담아내고 있다. 2019
년 8월 기준, 지금까지 서울의 3년 이하
서점, 빵집, 카페와 제주의 3년 이하
이주민의 가게를 다뤘다.

브루터스
BRUTUS
—

매거진 하우스가 발행하는 격주간지로
도쿄 도시 남성의 라이프스타일, 문화를
다룬다. 1980년 5월 창간 이후 일본의
잡지 저널리즘과 그래픽 디자인의 새로운
기준을 세웠다고 평가받으며 도쿄를
대표하는 라이프스타일 매거진으로 자리
잡았다.

시바사키 노부아키
Nobuaki Shibasaki
—

«앤드프리미엄» 편집장. 1989년 매거진
하우스에 입사하여 «뽀빠이» 편집부와
«브루터스» 부편집장을 거쳐 2013년
11월, '보다 나은 라이프스타일'을 구호로
하는 여성지 «앤드프리미엄»을 창간했다.

«Everyone's Gone to the Moon»

—

롤링 스톤스, 폴 매카트니 등 유명
가수의 전기를 저술한 언론인 출신 작가
필립 노먼(Philip Norman)의 소설.
영국의 젊은 기자 루이스 브레넌과
그의 상사 잭 실드릭을 통해 영국
저널리즘을 유머러스하게 풍자한다. 뉴욕
랜덤하우스에서 1996년에 출간했다.

«에피(Epi)»

—

2017년 9월에 창간한 과학 비평 잡지.
국내 필진 위주로 과학과 사회의 접점에
초점을 맞춘 글을 소개한다. 신기한 과학
이야기보다는 과학에 대한 고민과 토론을
불러일으키는 내용으로 채워져 있다.
창간호는 '과학 교과서의 젠더 편향성',
'정치적 유행어로서의 4차 산업혁명',
'창조과학을 둘러싼 논란' 등 지금 우리
사회에서 논의되는 이슈를 다뤘다.
2019년 6월에 발간된 8호의 키워드는
'과학자와 패션'이다.

열린책들

—

열린책들은 1986년 1월, 러시아 문학 전문
출판사로 출범한 한국의 해외 문학 전문
출판사다. 솔체니친의 «붉은 수레바퀴»를
시작으로 베르나르 베르베르와 움베르트
에코의 책을 출간하며 사랑받은
열린책들은 2005년 예술서 전문 출판사
미메시스, 2009년 아동문학 전문 출판사
별천지를 설립했다. 특히 미메시스는
미술, 디자인, 건축, 만화, 영화, 사진,

문헌학 등 예술 분야를 아우르며 다양한
예술 전문 서적을 출간하고 있다.

«영혼 없는 작가»

—

저자인 다와다 요코(Yoko Tawada)는
일본어와 독일어로 글을 쓰며, 현재 독일
문학계에서 가장 왕성하게 창작 활동을
하는 젊은 이민 작가이다. 그가 낯선
세계인 유럽에서 낯선 사물을 만나고
낯선 언어를 배우며 적응하는 과정을
새롭고 내밀한 방식으로 풀어낸 책으로
2011년에 출간되었다.

«오큘로(OKULO)»

—

2016년 6월에 창간한 영상 비평 계간지.
독립출판사 미디어버스(mediabus)를
운영하는 임경용과 영화평론가 유운성이
발행인을 맡았다. 국내외 독립영화 및
예술영화, 미디어 아트, 인물을 조명한다.
뉴스레터를 신청하면 잡지 편집위원
및 필진이 기고한 평론 한 편 전체 글을
이메일로 받아 볼 수 있으며 2019년 8월
현재, 총 8권이 발간되었다.

«올빼미의 없음»

—

고유의 언어와 감성으로 독자적 소설
세계를 일군 소설가 배수아가 2010
년에 발표한 단편 모음집. «올빼미의
없음»은 '나'와 비평가 '너'가 글쓰기 및
꿈에 관해 나눈 대화와 서신으로 이루어진
«올빼미»의 후편으로 '너'의 죽음을

맞닥뜨린 '나'의 이야기가 담겨 있다.

우메다 유스케
Yusuke Umeda
—

2008년, UBS 동료 니노 료스케(Ryosuke Niino), 고등학교 친구 이나가키 유스케(Yusuke Inagaki)와 함께 경제 미디어 회사 유자베이스를 공동 창업한 일본의 기업가. 전략 컨설팅 회사인 코퍼레이트 디렉션스(CDI, Corporate Directions, Inc.)에서 경력을 쌓기 시작해서 글로벌 금융회사 UBS 도쿄 지사의 애널리스트로 활동했다.

워크룸 프레스
workroom press
—

디자인 스튜디오 '워크룸'에서 2011년부터 운영하는 출판사. '안그라픽스'에서 일하던 디자이너들이 의기투합해 만든 디자인 스튜디오다. 초기에 많은 시각예술작가의 전시 도록과 포스터 작업을 전문적으로 다루다가 현재는 동시대 시각 문화와 타이포그래피, 인문학에 관심을 둔 출판사 겸 디자인 스튜디오로 자리매김하고 있다.

유자베이스
Uzabase
—

2008년에 설립된 일본의 산업, 금융 및 기업 정보 전문 기업. 글로벌 금융회사의 애널리스트였던 우메다 유스케와 재무 컨설턴트 니노 료스케, 기술 컨설턴트 이나가키 유스케가 '블룸버그 단말기를 뛰어넘는 금융정보 서비스'를 꿈꾸며 설립했다. 유자베이스는 현재 경제 정보 서비스인 스피다(Speeda)와 소셜 경제 미디어인 뉴스픽스를 운영 중이다. 2018년 7월, 설립 10년 만에 미국의 경제 온라인 매체 쿼츠(Quartz)를 인수하며 화제를 모았다.

«In Extremis: The Life and Death of the War Correspondent Marie Colvin»
—

30년 가까이 전쟁을 누비며 현장 소식을 전한 영국 주간 «선데이타임스» 소속 종군기자 메리 콜빈의 일대기를 담은 책. 동료 기자였던 린지 힐섬(Lindsey Hilsum)이 쓴 책으로 2018년 랜덤하우스에서 출간되었다. «선데이타임스»가 2018년 올해의 책으로 선정했다.

제안들
—

2014년 1월 31일부터 워크룸 프레스는 문학 총서 '제안들'을 출간하기 시작했다. 소설, 시, 산문, 희곡, 비평, 전기, 일기, 서간 등 다양한 언어권의 숨은 문학 작품들을 엄선해 출간하는 원칙을 가지고 있다. 단색의 표지와 작가명과 작품명이 타이포그래피로 부각된 띠지로 이루어진 책 디자인은 '읽고 싶은 책'보다 '사고 싶은 책'의 개념을 환기시키며 출판 시장과 디자인 시장에 반향을 불러일으켰다.

«진짜공간: 건축가 홍윤주의
생활 건축 탐사 프로젝트»
—
건축과 일상에 관심을 가지고
생활건축연구소를 운영하는 홍윤주가
2011년 1월 이래 6년 동안 '진짜 공간'을
찾아 서울과 지방의 골목골목을 샅샅이
탐사하고, 각자의 공간에 사는 사람의
이야기를 수집한 기록물. 2017년
프로파간다에서 출간했다.

쿼츠
Quartz
—
글로벌 비즈니스를 다루는 디지털 뉴스
매체. 2012년 뉴욕에서 론칭한 이래 빠른
속도로 성장하여 2014년 인도, 2015
년 아프리카에도 출범했다. 웹사이트
(qz.com)를 통해 모바일과 태블릿
사용자에게 콘텐츠를 제공한다. 비즈니스,
경제, 해외 등으로 나뉘는 전통적인
카테고리와 달리 쿼츠는 현상이나 경향,
패턴 등으로 뉴스를 큐레이션하며 혁신적인
뉴스 기업으로 평가된다.

텀블벅
tumblbug
—
2011년부터 한국에서 서비스를 시작한
크라우드 펀딩 사이트. 예술, 문화 콘텐츠를
주로 다루며 문화 창작자를 독립적으로
지원하는 것을 목표로 한다. 어느 누구든
자신의 창작 프로젝트를 올리고 후원을
요청할 수 있으며 후원자는 후원 대가로
소정의 기념품을 후원금에 따라 차등적으로
전달받는다. 2018년 기준, 누적 후원금은
550억 원, 펀딩에 성공한 프로젝트는 9000
건을 넘었다.

하쿠호도
Hakuhodo
—
도쿄에 위치한 일본의 대표 광고회사로
1895년에 설립되었다. 전 세계 20개국에
3000여 개 협력사가 있으며 수많은
지사와 자회사가 있다. 대표적으로는
세계적인 광고대행사 TBWA와 함께 만든
TBWA\HAKUHODO, 한국 광고 회사인
제일기획과 공동으로 세운 하쿠호도제일
(Hakuhodo Cheil)이 있다.

호보니치
Hobonichi
—
2002년 일본의 웹 미디어 호보 일간 이토이
신문(Hobo Nikkan Itoi Shinbun)에서
만든 다이어리 및 수첩 브랜드. 디자인,
색상, 크기, 재질별로 70종이 넘어 자신의
스타일에 맞춰 자유롭게 사용할 수 있고,
두께가 얇지만 질긴 토모에 리버(Tomoe
River) 종이를 사용해 만년필로 써도
번짐이 없다. 마음을 어루만지는 내용의
'하루 이야기'가 페이지마다 실려 있어 두루
사랑받고 있다.

JOBS - EDITOR
잡스 - 에디터: 좋아하는 것으로부터
좋은 것을 골라내는 사람

2019년 8월 13일 초판 1쇄
2022년 2월 15일 초판 6쇄

발행인 조수용
사업총괄 김명수
편집장 박은성
인터뷰 남미혜, 서유석, 손현
편집 손현
디자인 최유원
교정 교열 박지석
일러스트 이빈소연
마케팅 김현주, 김예빈
유통 김수연, 김기란

펴낸곳 매거진 «B»
주소 서울시 용산구 대사관로 35 (한남동)
전화 02-540-7435
홈페이지 www.magazine-b.com
이메일 info@magazine-b.com

ISBN 979-11-6036-079-0 02070